MÉTHODE DE FRANÇ

BIENVENUE EN FRANCE

Tome 1
EPISODES 1 à 13

Annie MONNERIE-GOARIN

Guide pédagogique

En collaboration avec
l'Institut français de Munich

Maurice GOTTLIEB
Directeur du Cours de langue

Yannick BEAUVAIS
Maryse BELOTCHKINE
Dominique ENDRES
Ondine PRAUHART-DEBRAYE
Professeurs de français langue étrangère

 Didier  HATIER

INTRODUCTION

I. Présentation de la méthode

Bienvenue en France est une méthode audio-visuelle spécialement conçue pour les débutants, dans laquelle la vidéo joue un rôle priviligié sans être indispensable.

Cette méthode comprend :
– 13 séquences sur cassette vidéo ;
– 2 cassettes audio ;
– 1 livre de l'élève de 160 pages ;
– 1 cahier d'exercices ;
– 1 guide d'utilisation pour le professeur.

1. Les séquences vidéo ont toutes une structure identique

– Un épisode du feuilleton, mettant en scène les quatre stagiaires de l'hôtel Concorde à Paris.
– Une courte séquence pédagogique présentant des actes de paroles en situation, des points de grammaire et des aspects morpho-syntaxiques correspondants à la partie « Savoir dire » du livre de l'élève.

2. L'enregistrement sonore

Les dialogues des 13 épisodes ont été enregistrés sur cassette audio. Attention, ce ne sont pas les voix des acteurs que nous retrouvons sur les cassettes et les élèves devront être prévenus avant de les écouter.
Certains exercices ont fait l'objet d'un enregistrement sonore. Ils sont dans ce cas accompagnés d'un dessin représentant une cassette.

3. Le livre de l'élève

Il comporte 13 unités correspondant aux 13 épisodes filmés. Les dossiers de la partie « Savoir dire », reprennent les actes de paroles et les points de grammaire essentiels à l'apprentissage de la langue et sont accompagnés d'exercices. Les dossiers de la partie « Savoir vivre » permettent une meilleure compréhension des données socio-culturelles de la France, au travers de sa capitale. Chaque leçon s'achève par un dossier « Test » permettant une rapide évaluation collective ou individuelle.

4. Le cahier d'exercices

Il est divisé en 13 unités correspondant aux 13 épisodes du livre de l'élève. Chacun de ces chapitres comporte cinq types d'exercices autocorrectifs et un glossaire repris sous forme globale dans les dernières pages.

5. Le guide pédagogique

Il est destiné au professeur. L'approche méthodologique est décrite en détail dans l'introduction.
Le professeur y trouvera également des fiches pédagogiques assurant la démarche à suivre pour chaque épisode, ainsi que des documents et informations permettant une meilleure exploitation de la partie « Savoir vivre ».

II. Les objectifs pédagogiques de l'auteur

1. Le choix d'une méthode structurée
Les dialogues et « Savoir dire »

L'auteur a choisi volontairement de présenter une méthode très structurée avec une progression lente s'adaptant parfaitement aux besoins des débutants.

Les dialogues illustrés sont la transcription des épisodes filmés, ils sont adaptés au niveau de connaissance des apprenants.

La partie « Savoir dire » reprend les situations de communication proposées dans le dialogue, approfondit et automatise les actes de paroles, les structures grammaticales et lexicales élémentaires que les élèves mettront en application dans les activités proposées dans le livre de l'élève et dans le livret d'exercices.

2. « Savoir vivre »

La partie « Savoir vivre » est un regard sur la France : c'est la partie culturelle de la méthode. Les apprenants découvrent des aspects de Paris, des éléments pratiques utiles pour vivre en France.

Le professeur aura un rôle important à jouer dans la mesure où il assure la compréhension de textes fréquemment authentiques et d'un niveau soutenu.

Cette méthode se veut rassurante par les aspects pratiques qu'elle aborde au travers des personnages et des textes. Elle vise à donner non seulement une connaissance de la langue mais aussi de la France et de ses habitants.

3. Le choix de la vidéo en cours de français langue étrangère

La vidéo ne prétend pas être un outil exhaustif. Elle accompagne et enrichit les possibilités offertes par le livre et en propose de nouvelles. Nous distinguons les trois grands avantages :

a) Souplesse d'utilisation

Le magnétoscope rend possible l'arrêt sur l'image, le retour en arrière, le ralenti, le visionnement avec ou sans le son. Le professeur peut proposer des activités de comparaison, de classement, de repérage, de récréation, afin de développer chez l'apprenant une attitude de plus en plus active face aux images.

b) Le rapport de l'élève à la vidéo

La vidéo a évidemment un rôle privilégié dans l'enseignement d'une langue étrangère. Elle permet de mettre les apprenants face à une situation réelle, un cadre authentique, des personnages se différenciant dans leur comportement et leur langage.

En effet, les images authentiques et mobiles procurent un plaisir qu'un texte ne peut apporter, surtout chez des débutants.

Sur le plan de l'acquisition, les apprenants découvrent une langue actuelle, variée et en situation. La compréhension va du sens à la langue, et non inversement, comme cela était le cas dans les méthodes traditionnelles. L'élève comprend la situation avant de comprendre l'acte de parole, mais il fera automatiquement le lien entre la situation et l'acte de parole ce qui facilitera son réemploi par la suite. La mémorisation du lexique se fera en fonction de la situation et s'ancrera plus facilement dans la mémoire.

L'élève voit, entend, comprend et lit : c'est la situation idéale pour apprendre une langue. Car un film c'est :
- des images parlantes (documents, décors, monuments de Paris, aspects des objets et des personnages...) ;
- des attitudes codées (mimiques, comportements et gestes typiquement français) ;
- de la langue parlée (dialogues, monologues, intonation, accentuation, intensité...) ;
- des sons (bruits réalistes en redondance avec l'image et musique, servant de lien entre les différentes scènes) ;
- de la langue écrite (les informations données par les panneaux dans la rue, les enseignes, les affiches, les cartons dans la partie « Savoir dire »).

c) Variétés de documents et exploitation pédagogique

Dans chaque épisode, la variété des situations entraîne irrémédiablement la diversité des sujets à exploiter en classe avec les élèves. Elle favorise aussi l'acquisition des mécanismes élémentaires de la langue.
L'image aide à comprendre la bande sonore : au besoin le professeur inscrira au tableau les verbes, les mots et les expressions nouvelles. *Bienvenue en France* entretient un rapport étroit de complémentarité entre les images et les dialogues : le message donné dans le dialogue est en relation directe avec l'image.
Le professeur fera systématiquement des exercices de mise en relation entre l'image et le dialogue (en s'arrêtant sur l'image et en posant des questions), ou des exercices d'anticipation (l'élève retrouve grâce à l'image ce qui va être dit), ou bien des exercices de production orale (l'élève imagine des dialogues ou commente des images sans le son).
On peut affirmer que les aptitudes linguistiques de compréhension et expression sont renforcées par l'approche de la langue à travers la vidéo. On pourrait même ajouter une autre aptitude : le décryptage visuel. Les apprenants adoptent une attitude active face à la vidéo et aux images et commentent ce qu'ils ont vu et entendu.
« Le travail à partir de la vidéo n'a de sens, en effet, que si s'instaure en permanence un va-et-vient entre **compréhension orale et écrite,** *attention visuelle et* **production orale ou écrite.***»* (Thierry Lancien : le document vidéo en classe de langues. Clé international, 1986 p. 11)

III. Découpage horaire

1. Durée du film, de chaque épisode et de la séquence fonctionnelle

La durée totale du film est de 3 h 20. Chaque épisode dure 13 mn et inclue la séquence fonctionnelle qui, elle, ne dure guère plus de 3 mn.

2. En cours intensifs

Nous avons calculé pour cette méthode un minimum de 60 heures, à raison de 5 à 6 heures par épisode, mais nous pouvons compter 80 heures, soit 7 heures par épisode, pour une exploitation très approfondie.

3. En cours extensifs

Il est certain que la progression est plus lente en cours extensifs, et il faudra compter sur un nombre d'heures variant entre 80 et 100 pour couvrir le livre, soit entre 7 à 8 heures par épisodes.

IV. Conseils d'utilisation pour le professeur

A. CONSEIL D'ORDRE GÉNÉRAL

1. La phonétique

Le livre de l'élève ne présente et ne propose aucune explication sur la phonétique française.
Nous avons pensé qu'il fallait l'introduire dans les trois premiers épisodes, et en toute première phase, pour permettre aux vrais débutants d'assimiler tout de suite les difficultés de la phonétique française. En

effet, le professeur inscrit un grand nombre d'informations au tableau dès la première leçon et il nous a semblé que les apprenants feraient plus rapidement le rapport entre la prononciation et l'orthographe française, s'ils y avaient été préparés préalablement. C'est ainsi que les élèves trouveront un tableau récapitulatif de la prononciation des voyelles, des voyelles nasales et des consonnes françaises, ainsi qu'une série d'exercices phonétiques dans leur livret d'exercices à la leçon 1.

Par la suite et tout au long des différents épisodes, ce sera au professeur de continuer ce travail de sensibilisation à la prononciation et à l'intonation française, en la faisant remarquer au cours du film et en demandant de l'observer pendant la lecture.

2. Les exercices du cahier d'exercices

Le livret comprend cinq parties correspondant à cinq types d'exercices différents.

a) « Avez-vous bien compris ? »

Il s'agit ici d'exercices de compréhension du type :
– re-situer une image ;
– retrouver l'acte de parole à l'aide d'une image / d'un dessin ;
– remettre l'histoire dans le bon ordre ;
– retrouver la suite logique à partir d'une image ;
– retrouver les lieux par rapport à la chronologie ou le lieu par rapport à l'action (grilles) ;
– Q.C.M. (questionnaire à choix multiple / vrai-faux).

b) « Exercez-vous »

Les apprenants trouveront ici un tableau récapitulatif des points grammaticaux traités dans la leçon ainsi que des exercices d'application du type :
– exercices structuraux de substitution ;
–   "   de closure (à trous) ;
–   "   de conjugaison ;
–   "   de prise en relation du verbe et du pronom ;
–   "   sur les phrases interrogatives ;
– questions-réponses.

c) « Des mots en plus »

Ce type d'exercices porte sur l'enrichissement lexical : les élèves y trouveront des exercices reprenant le vocabulaire contenu dans leur livre, puis des exercices portant sur le lexique enrichi, toujours tiré d'un acte de parole apparu dans la leçon, mais approfondi, puis des exercices portant sur le lexique de la partie « Savoir vivre ».
Ces exercices se présenteront de la manière suivante :
– retrouver le sens des mots ;
– synonymes-antonymes ;
– nominalisation ;
– supprimer l'intrus ;
– cocher la bonne réponse ;
– etc.
Pour ce qui concerne le vocabulaire enrichi, les élèves trouveront une liste de mots de vocabulaire qu'ils auront à réemployer au cours des exercices.

d) « Rappelez-vous ! »

Cette partie est une révision lexicale et grammaticale portant sur les dossiers « Savoir dire » et « Savoir vivre » de la leçon étudiée ainsi que des précédentes. On y trouvera des exercices de type grammatical, réutilisant le vocabulaire thématique.

e) « Ouvertures »

Les exercices proposés dans cette partie sont de type ludique. Ils se présenteront de manière différente : jeux, charades, devinettes, expressions du langage populaire, bande dessinée, exploitation de documents authentiques, etc.

3. L'utilisation de la méthode sans la vidéo

Le professeur qui ne possède pas le matériel vidéo n'aura pas, bien sûr, les mêmes possibilités d'exploitation. Néanmoins il peut se servir des images du livre en faisant écouter la cassette audio.

Cette approche ne remplace pas le plaisir des images filmées, mais elle exerce parfaitement les élèves à la compréhension audio-orale d'un dialogue enregistré. C'est une sensibilisation orale avec l'appui, pour la compréhension, des images du livre.

Nous avons insisté dans chaque fiche pédagogique sur l'utilisation de l'image filmée, mais il est bien évident que le professeur peut également faire ce travail à partir de ces images proposées dans le livre et enrichir le vocabulaire au travers d'une description de dessins.

Le professeur pourra donc appliquer la démarche exposée dans les fiches pédagogiques, en faisant, évidemment, abstraction de toutes les parties visionnement. Par contre, lors de la phase « visionnement segmenté », le professeur n'aura aucun problème à segmenter lui-même les différentes séquences et à les analyser avec les étudiants, soit sous la forme de formulation d'hypothèses, soit en leur faisant écouter le passage de la cassette audio.

Il pourra procéder, en fait, avec la cassette audio de la même manière que s'il disposait d'une vidéo.

4. La démarche pédagogique

Nous décrirons ici les différentes démarches possibles et nous expliquerons la terminologie employée dans les fiches pédagogiques.

Nous proposons, pour l'exploitation des leçons, une fiche par épisode : nous avons cherché à varier la présentation de chaque épisode de sorte que le professeur puisse avoir un large éventail de possibilités pour une meilleure utilisation de la méthode.

Chaque fiche comporte trois parties essentielles :
– le travail sur les dialogues et le « Savoir dire » ;
– le travail sur le « Savoir vivre » ;
– et une troisième partie intitulée « Faisons le point ».

Pour chaque fiche, et en introduction à chaque nouvel épisode, nous avons élaboré plusieurs tableaux récapitulatifs qui mettent en relief les objectifs à suivre.

Dans le premier tableau, intitulé « Apprentissage », nous distinguons deux objectifs :

Dans les **objectifs** purement **linguistiques**, qui se rapportent à la partie « Savoir dire » et aux dialogues du film, le professeur retrouve le lexique de la leçon, le vocabulaire thématique et les différents points de grammaire apparus dans la leçon, puis les différents actes de paroles que les élèves devront assimiler au cours de cet épisode.

Dans les **objectifs culturels**, essentiellement développés dans la partie « Savoir vivre », nous avons réuni les grandes lignes des différents aspects présentés dans cette leçon.

Nous avons tenu à ajouter dans un second tableau une partie « Sensibilisation » : en effet, en utilisant cette méthode, nous avons pu constater que nous pouvions sensibiliser les élèves sur des points de grammaire qu'ils étudieront en profondeur ultérieurement et enrichir leur vocabulaire en exploitant les multiples aspects de l'image filmée. Les élèves retrouveront d'ailleurs cet enrichissement lexical sous la forme d'activités dans le livret d'exercices. Le professeur est libre, bien entendu, de compléter cette liste de vocabulaire, mais il devra tenir compte de la structuration de la progression grammaticale et ne pas anticiper sur le cours à venir.

Dans la partie « Pour en savoir plus », qui se rapporte à la partie « Savoir vivre », nous avons rassemblé une série de documents, que le professeur trouvera à la fin de chaque fiche pédagogique, qui pourront servir à concrétiser les exemples donnés dans la partie « Savoir vivre ».

Le petit tableau intitulé « Contenu des séquences vidéo » présente le contenu des séquences vidéo qui suivent chaque feuilleton. Le contenu de ces séquences diffère selon les leçons : tous les points grammaticaux ne sont pas traités dans la vidéo et le professeur pourra plus facilement en tenir compte pour la conception de son cours et de son découpage horaire.

Les fiches pédagogiques sont très détaillées jusqu'à la leçon 8. Elles donneront au professeur-utilisateur des idées bien précises quant au cheminement pédagogique à adopter.

a) Le travail sur les dialogues et « Savoir dire »

Phase 1 : cette phase correspond à la prise de contact
– Lors d'un premier cours, le professeur se présentera et demandera aux élèves de se présenter ;
– Lors des cours suivants, il procédera à la vérification des connaissances :
  • soit par le test de la leçon précédente,
  • soit par la révision du vocabulaire (mots, expressions communiquées dans la langue maternelle que les élèves ont étudiés au cours des leçons précédentes et qu'ils avaient appris et assimilés en français),
  • soit, par la production orale de l'épisode précédent.

Phase 2 : plusieurs démarches sont possibles
– Le professeur présente lui-même la leçon (cf. épisode 2).
– Les élèves ouvrent leurs livres, regardent les images et essayent de deviner l'histoire (cf. épisode 5).
– Le professeur commence par le visionnement de la partie « Savoir dire » (cf. épisode 1).
– Le professeur montre directement le film dans son intégralité et laisse les élèves le découvrir sans aucune préparation (cf. épisode 3).

Phase 3 :
Le professeur intégrera selon les leçons la partie « Savoir dire » qui reprend les actes de paroles des dialogues et l'explication des points de grammaire.

Phase 4 :
Puis il procédera à la segmentation des images en insistant sur le lieu de l'action, les faits et gestes des personnages, les nouveaux personnages et leurs comportements : il soulignera particulièrement les expressions physionomiques, les gestes et les sentiments ressentis. C'est au cours de cette phase qu'il introduira, selon les cas bien sûr, le nouveau vocabulaire et le vocabulaire enrichi, voire certains points de grammaire. Le professeur trouvera sur chaque fiche pédagogique le détail de cette progression.

Phase 5 : Lecture
À la fin de chaque épisode, il procédera à l'écoute de la cassette audio, en demandant aux élèves de souligner sur leur livre les liaisons, la prononciation des mots nouveaux et l'intonation de la phrase. Puis ils feront une lecture dialoguée du texte.
La lecture intervient en général en phase finale, après l'étude des dialogues avec la vidéo, de la grammaire et de la séquence fonctionnelle, et elle ne présente aucune difficulté de compréhension. Les apprenants pourront trouver au cours de cette phase de lecture certains points de grammaire qui ne les avaient pas frappés durant le visionnement : le professeur donnera, à ce moment les explications voulues.
Pour la partie « Savoir vivre », pour laquelle il n'existe pas d'enregistrement, le professeur lira le / les textes avant de demander aux élèves d'en faire la lecture.
Même si la lecture peut paraître un exercice rébarbatif, il est extrêmement important pour des étudiants étrangers ; il permet en effet de fixer leurs connaissances auditives, de faire le rapport entre l'oral et l'écrit et de les sensibiliser aux difficultés de l'orthographe française.

Phase 6 :
Après la lecture du texte, nous conseillons au professeur de faire les exercices de compréhension proposés dans le livret d'exercices : ils permettront de faire à nouveau le point et de vérifier si les élèves ont véritablement compris le texte.

Phase 7 : Grammaire
Nous proposons dans le livret d'exercices des exercices structuraux appropriés aux différents points de grammaire développés dans le livre de l'élève. Selon le temps disponible et selon leur difficulté, ces exercices se feront soit en classe soit à la maison. Le professeur les corrigera lors de la séance suivante, ou bien les élèves pratiqueront l'auto-correction en cherchant eux-mêmes.

Phase 8 :
Les exercices lexicaux du livret : ces exercices se feront en classe, car ils reprennent le vocabulaire de la leçon mais aussi le vocabulaire enrichi.

b) Le travail sur « Savoir vivre »

Le professeur trouvera à la fin de chaque fiche un nombre important de documents lui permettant d'approfondir ses propres connaissances sur le sujet proposé dans la leçon ; il sera à même de répondre dans de bonnes conditions aux éventuelles questions de ces élèves.

Chaque fiche lui décrit la démarche à suivre. Dans la mesure où les textes comportent, surtout au début, un grand nombre de difficultés linguistiques, le professeur peut être amené à traduire certains passages. Nous avons mentionné les passages dans certaines fiches et nous avons également donné des exemples d'explication du nouveau vocabulaire en réemployant un vocabulaire et des structures grammaticales déjà connus de l'élève.

Il ne s'agit pas dans cette partie de relever les difficultés grammaticales et d'essayer de les expliquer, mais de faire comprendre le sens de chaque énoncé. Le professeur devra donner des aides pratiques aux étudiants pour qu'ils puissent réutiliser les connaissances acquises et les mettre en application au cours des exercices / jeux de rôles proposés dans le livre de l'élève.

Le professeur trouvera dans le livret des exercices sous la rubrique « Des mots en plus », portant sur le lexique de la leçon, ainsi que sur le lexique enrichi.

Dans cette partie « Savoir vivre » le professeur devra bien faire ressortir les aspects pratiques et culturels de cette phase du cours. En effet, les connaissances acquises dans cette partie pourront être immédiatement utilisables lors d'un voyage à Paris. C'est important que les élèves en soient conscients.

c) « Faisons le point »

Nous terminons chaque leçon par une série d'exercices comprenant le nouveau vocabulaire, les actes de paroles et la grammaire. Il s'agit, en premier lieu, de la partie « Test » proposée à la fin de chaque épisode et, en second lieu, des exercices du livret d'exercices, classés dans la rubrique « Rappelez-vous ». Pour clôturer cet épisode, la classe étudiera la partie « Ouvertures ».

B. INVENTAIRES DES STRATÉGIES POUR L'UTILISATION DE LA VIDÉO EN CLASSE

Nous donnons ici des exemples précis pour illustrer les possibilités qu'offre la vidéo dans l'enseignement d'une langue. Nous insistons sur les possibilités qu'offre l'image et sur l'utilisation de la vidéo pour la vérification des acquisitions.

1. Le visionnement intégral

Il permet aux étudiants d'avoir une compréhension globale de l'épisode et de situer les lieux, l'action et les personnages.

2. Le visionnement segmenté

Chaque scène est exploitée : tout d'abord, pour assimiler les dialogues et les situations, ensuite pour transcrire les actions des personnages. Au cours de cette segmentation, le professeur pourra insister sur des situations n'apparaissant pas dans les dialogues, sur la gestuelle et la mimique des personnages pouvant être conçues comme représentatives du caractère français ou bien encore sur des aspects culturels relatifs à Paris.

3. Les ouvertures grâce à l'image

a) Les situations n'apparaissent pas dans le dialogue

Par exemple dans l'épisode 1, nous voyons Françoise dans l'avion : elle lit une lettre, c'est une lettre du chef du personnel, qui la prévient que Vincent viendra la chercher à l'aéroport. Cette situation peut être expliquée aux élèves, le professeur introduit là des notions de vocabulaire que les élèves retrouveront une leçon plus loin dans la partie « Savoir vivre » (un écrivain, Marcel Proust).

b) Les éléments culturels

Toujours dans la première leçon, nous voyons l'aéroport d'Orly, le hall des arrivées, des départs, l'autocar d'Air France. Les élèves auront pour l'étude de la partie « Savoir vivre » une vision un peu plus concrète de ce qu'est l'aéroport d'Orly.

Tout au long des différents épisodes, le professeur tirera toujours profit de l'arrêt de l'image sur des monuments ou aspects typiques de Paris (les quais de la Seine quand Vincent va chercher Françoise en taxi, la vue d'avion, quand Françoise arrive à Paris, qui permet de visualiser l'importance de la ville). Le générique d'introduction permet de reconnaître la Tour Eiffel, l'Arc de Triomphe, le musée d'Orsay, la Pyramide du Louvre et le nouvel Opéra de la place de la Bastille.

c) La gestuelle et la mimique

L'image sert à fixer des expressions, des gestes, des attitudes :
– dans l'épisode 1 : Vincent est pressé ;
– dans l'épisode 2 : Il est content, il est dépassé par les événements ;
– dans l'épisode 3 : il est gêné ;
– dans l'épisode 5 : il est exaspéré ;
– dans l'épisode 7 : il est affolé ;
– dans l'épisode 8 : il est fier ;
– dans l'épisode 12 : elle est indifférente.

4. L'enrichissement lexical

Cet enrichissement lexical apparaît dans la fiche pédagogique. En effet, le professeur se rendra compte que dans l'utilisation maximale des images, il introduira un vocabulaire nouveau qui complètera la partie « Savoir dire » et que les élèves retrouveront sous la forme d'exercices dans leurs livrets d'exercices à la rubrique « Des mots en plus ».

L'épisode 1 se prête bien à l'illustration.
Les étudiants voient Vincent à l'action : le professeur introduira un vocabulaire qu'ils n'auront aucun mal à saisir, grâce à l'image :
– appeler un taxi ;
– chercher ;
– lire ;
– écrire ;
– voir ;
– monter dans un taxi, dans le bus ;
– attendre ;
– demander à ;
– regarder sa montre.

Pour faciliter le travail du professeur, nous avons inscrit et spécifié le vocabulaire enrichi sur le tableau « Sensibilisation » du tableau récapitulatif figurant avant chaque fiche pédagogique. Nous n'avons pas, bien sûr, détaillé pour toutes les fiches toutes les possibilités qu'offre l'image : les deux premières fiches décrivent la démarche et l'utilisation que l'on peut faire de l'image.

5. L'anticipation grammaticale

Le professeur sera en effet quelquefois obligé pour exploiter les images d'introduire des notions de grammaire qui sont traitées un peu plus loin dans le livre de l'élève. Il les notera au tableau sans anticiper sur le cours.

Par exemple, dans l'épisode 1, il notifiera la négation simple (chercher / ne pas trouver) et les différents verbes (voir, attendre...). Dans l'épisode 2, la préposition à (à la dame / au monsieur, aux clients). Le professeur trouvera dans la partie « Sensibilisation » du tableau récapitulatif, figurant avant chaque fiche pédagogique, les différentes notions introduites en sus.

Il ne s'agit aucunement de faire les exercices d'application relatifs aux points de grammaire soulevés, mais de favoriser l'expression orale.

6. L'image sans le son

a) Reconstitution du dialogue sans le son

En phase finale, le professeur peut soit montrer le film au ralenti, soit segmenter le défilement de l'image et demander aux élèves de reconstituer les dialogues.
Il ne peut reprendre que les scènes correspondant aux actes de paroles essentiels et vérifier ainsi le degré de maîtrise des connaissances.

b) Description des images du film

En phase finale également, le professeur demande aux élèves de décrire les actions et de reconstituer les dialogues des personnages en réemployant le vocabulaire de la leçon complété par le vocabulaire enrichi. Le professeur teste alors, entre autres, la maîtrise de la conjugaison et plus particulièrement « je/nous, il/elle, ils/elles ».

7. Imaginer la suite du film

À partir de la quatrième leçon, le professeur montre le début du film et demande aux élèves d'imaginer la suite du film : les hypothèses formulées font l'objet d'une confrontation à la fin de la leçon.
Il peut aussi demander d'imaginer les dialogues suivants, surtout lorsque les élèves ont déjà étudié la partie « Savoir dire ».

ÉPISODE 1 / **ON VA AUX PUCES**

APPRENTISSAGE

OBJECTIFS LINGUISTIQUES	OBJECTIFS CULTURELS
Lexique : Verbes de mouvement de base Les moyens de transport Les expressions pour se présenter **Grammaire :** Les questions : Qui ? Que ? Où ? Quelle heure est-il ? Les verbes : être, arriver, aller, partir, faire, travailler, s'appeler Les pronoms personnels **Actes de parole :** Apprendre à se présenter à donner sa profession à décrire des situations à situer des lieux à se diriger quelque part	La France et l'aviation Paris – les aéroports Apprendre à lire les explications de parcours Se diriger, en quittant l'aéroport

SENSIBILISATION

GRAMMATICALE	LEXICALE
Verbes du 1er groupe Les chiffres Les articles La négation simple La prononciation française	Verbes d'action : regarder, voir, monter, demander, montrer, chercher, trouver, connaître, lire, écrire. Noms de professions

CONTENU DES SÉQUENCES VIDÉO   POUR EN SAVOIR PLUS

CONTENU DES SÉQUENCES VIDÉO	POUR EN SAVOIR PLUS
Présentation et professions Où allez-vous ?	RATP : Réseau Autonome des Transports Parisiens RER : Réseau Express Régional Les aéroports de Paris Roland Garros Les transports parisiens Tennis : Roland Garros Prospectus : Roissy – Orly – Le Bourget

1. Dialogues et savoir dire

a) **Présentation** personnelle : écrire au tableau « Je m'appelle »
des élèves : verbe s'appeler, « Il s'appelle ».

Apprendre aux élèves à se présenter par leur nom selon la méthode directe : « Je m'appelle ... Et vous ? »

Le professeur doit relever le tutoiement et le vouvoiement ; en fonction des relations à l'intérieur d'un groupe, on emploiera soit l'un, soit l'autre (cf. leçon p. 36).

b) Expliquer la prononciation française avec le tableau en début du cahier d'exercices.

Pour ce cours de phonétique, il faudra exploiter les exercices de la première leçon sur la discrimination et la production correcte des phonèmes :
Exemple : [a] et [ã] : Il s'appelle Nicolas. Elle est étudiante.

Exercices sur l'intonation : remarquer l'opposition de l'intonation d'une phrase énonciative à celle d'une phrase interrogative.
Exemple : Vous êtes étudiant.
            Vous êtes étudiant ?

Exercices sur l'enchaînement vocalique et consonantique (liaison) ainsi que sur la chute du « e » final :
Exemple : Vous êtes étudiant ?

            Elle est étudiante.

Ce travail de phonétique se poursuivra tout au long des dialogues et si nécessaire, le professeur donnera des exercices complémentaires.
Les procédés d'enseignement de la phonétique restent classiques : écoute d'exemples, répétitions individuelles et correction, repérage d'un phonème particulier, observation des graphies d'un phonème, découpage de la chaîne sonore.

c) Présentation de la méthode audio-visuelle.

Le professeur présentera la méthodologie qui sera employée (en langue maternelle). On regardera le livre, les étapes d'une leçon et la présentation des contenus linguistiques et culturels.
Présentation des cinq personnages p. 3 :
– Comment s'appellent-ils ?   – Ils s'appellent …
– Que font-ils ?   – Ils sont stagiaires, ils travaillent à l'hôtel.

d) Visionnement de la partie « Qui est-ce ? », puis exploitation du vocabulaire p. 10. Mettre les étudiants en situation de se présenter à nouveau.
Par le mime, expliquer « Je vous présente », « Je me présente », « Il s'appelle » des exercices p. 11.

e) Les élèves ouvrent leurs livres p. 10 afin d'**apprendre la conjugaison** des premiers verbes qu'ils utiliseront tout au long de l'épisode (être, faire, aller, s'appeler).

f) Visionnement intégral du film.

Qui sont les personnages ? (Réf. à la page 3)
Définir le lieu : introduire le pronom interrogatif « où » et la préposition « à » (à Paris, à l'aéroport, à l'hôtel Concorde).
Définir la situation : introduire le pronom interrogatif « que » et « Qu'est-ce qu'il fait ? » (Vincent va à Orly).

g) Visionnement segmenté du film et description des images d'après chaque situation.

À l'hôtel Concorde :	– Qui est-ce ?
	– Que fait le chef du personnel ?
Dans la rue :	– Appeler un taxi
Dans un taxi :	– Que demande le chauffeur ?
	– Où va Vincent ?
	– Pourquoi ?
Dans l'avion :	– Que fait Françoise ?
À l'aéroport :	– Où sont Françoise et Vincent ?
	– Que font-ils ?
	– Que fait Françoise ?
Dans l'autocar :	– Où est Françoise
Dans un taxi :	– Où va Vincent ?

À l'hôtel :   – Où est Vincent ? Avec qui ?
               – Que dit M. Dupuis ?
               – Que fait-il ?

Dans cette phase de recherches, le professeur aide les élèves à structurer leur réponse, il écrit au tableau les nouveaux verbes qui apparaissent dans la leçon (arriver, partir, travailler), voire ceux dont ils ont besoin pour s'exprimer (cf. fiche : sensibilisation lexicale).

h) Lire le texte, écouter la cassette audio et souligner l'intonation.

i) Faire les **exercices de compréhension** pp. 6-7 du cahier d'exercices.

j) Reprendre la grammaire p. 12 du livre et compléter par des **exercices structuraux** pp. 8-9 du cahier d'exercices.

k) Exploitation du **lexique complémentaire** et exercices d'application n° 1 à 4 pp. 9-10 du cahier d'exercices.

Le professeur peut également inciter les étudiants à commenter les images du livre (épisode 1) en employant ces nouveaux termes.

2. Savoir vivre

a) Le concorde

Lire le texte, expliquer le vocabulaire, traduire certains passages (les compagnies ont assuré et permis de desservir 275 villes).
Les élèves lisent le texte à haute voix et relèvent les renseignements qu'ils doivent retenir (noms des aéroports, des compagnies).
Le professeur apportera des documents iconographiques qui pourront compléter cet enrichissement culturel.

b) Roland Garros

Le professeur explique les mots du texte en s'aidant d'une carte pour situer la Méditerranée.
Reprendre le verbe « s'appeler », expliquant l'expression « a donné son nom ».
Les élèves lisent le texte à haute voix et répondent aux questions d'ordre général :
– Comment s'appelle l'avion de Roland Garros ?
– Que fait Roland Garros ?
– Comment s'appelle le stade de tennis ?

c) Roissy - Paris - Orly

Exploiter au maximum les informations pratiques de ce texte. Après la lecture, donner des renseigne-ments sur les monuments (L'Arc de Triomphe, la Tour Eiffel, la Tour Montparnasse, Notre-Dame, le Centre Pompidou).
Insister sur les expressions nouvelles : « Il faut, il y a, jusqu'à… ».
Expliquer les abréviations (RER, RATP).
Simuler quelques situations par des jeux de rôles suivant les exemples de l'encart « Entraînez-vous » p. 15.

d) Compléter cette première leçon par les exercices n° 5 à 8 p. 10.

3. Faisons le point

Tests p. 16 et 17.
Ce test sera utilisé soit en phase finale, soit en phase préparatoire de la leçon 2, il sera alors un récapitu-latif de la leçon 1 et montrera si les formes ont bien été assimilées.
Terminer par les exercices proposés de la partie « Ouvertures » p. 16.

4. Ouvertures

VOCABULAIRE THÉMATISÉ

Les aéroports.
Vocabulaire pratique.
Les transports aériens.
L'avion : moyen de transport.

LES AÉROPORTS

Vocabulaire usuel

Arrivée : en taxi, en voiture personnelle, en métro, par la navette.

Dans le hall : tableau lumineux des arrivées et des départs, trouver un chariot, le service des informations, le guichet des compagnies aériennes.

Au guichet : prendre la file d'attente, présenter son billet à l'hôtesse, choisir son siège (côté fenêtre, côté couloir, siège central, fumeur-non fumeur), enregistrer les bagages, garder un bagage à main, ... délivrer une carte d'accès à bord, voyager en 1re classe, classe économique, classe affaires...

Porte d'accès : contrôle de police (vérification des pièces d'identité, fouille physique et inspection électronique du contenu du bagage à main).

Dans le hall d'attente : acheter un journal / un livre, boire un verre, acheter des produits dans des « duty free shop ».

L'embarquement : par couloirs d'accès direct (« les tentacules ») ou par autobus de l'aéroport.

Dans l'avion : attacher sa ceinture, lire, discuter avec son voisin, regarder un film.

Après le vol : contrôle des douanes (importations, déclarer des marchandises).

Prendre la navette / l'autobus.

L'aérogare, le guichet / le porteur, la consigne.

La piste d'envol / d'atterrissage, la tour de contrôle.

L'avion décolle / atterrit.

Les bagages : le sac à main, la valise, la malle ...

La ligne aérienne, la compagnie aérienne.

Les heures de pointe, être en retard / en avance, manquer l'avion.

Être en transit (salle de transit), attendre la correspondance, faire escale à...

Être à l'avant, à l'arrière, en tête, en queue de l'appareil.

Quelques expressions : « Vol Air France, à destination de Munich, embarquement immédiat, porte 65 » ; « L'avion en provenance de Oslo a 15 minutes de retard » ; « Monsieur Deschamps, passager du vol AF 730 est prié de se présenter immédiatement à la porte 64 ».

Mode de transport : rapide, agréable, confortable, commode, pratique...

Quelques expressions familières

Planer (« il plane, c'est un planeur ») : être dans les nuages, ne pas avoir les pieds sur terre.

Prendre son envol : décoller.

Quelques types d'appareils et leurs pays de fabrication

Boeing : U.S.A.	Fokker : Pays-Bas
Airbus : consortium européen	Embraer : Brésil
Concorde : France – G.B.	Tupolev : U.R.S.S.
Lockheed : U.S.A.	Saab : Suède

VOCABULAIRE MENTIONNÉ DANS LES COMMENTAIRES D'IMAGE

Photo représentant le Concorde

Reçu : participe passé de « recevoir ».

Le trafic aérien : mot d'origine italienne pour commerce (un - intense) ; circulation des avions, assurer le trafic.

Permis : participe passé de « permettre ».

Desservir : faire le service d'une localité en parlant d'un moyen de transport.

Mettre en service un avion.

Autres mots de vocabulaire : le nez de l'avion (pointu, élancé, rétractible, ...), sortir le train d'atterrissage, les ailes, la queue, le fuselage, le réacteur, ...

La concorde : harmonie qui est générée par la bonne entente entre les membres d'un groupe.

Vivre en concorde ; antonymes : discorde, haine.

Quelques expressions : avoir du nez, piquer du nez.

Photos représentant « La Demoiselle » et R. Garros

Un coucou : avion d'un modèle ancien ; par extension : toute chose vieillotte (« c'est un vieux coucou »).

Commentaire de l'image :   type de l'avion : Morane Saulnier type H ;
                              couleur : sépia, photo ancienne ;
                              piste d'atterissage : gazon
                              aspect fragile de l'« aéroplane » (nom donné autrefois aux avions) ;
                              avion à hélice , deux roues , petit moteur , ailes très solides ?

Autres moyens de transport par air : le ballon, l'hélicoptère, l'hydravion, le planeur, U.L.M. (Ultra Léger Motorisé).

Partie Savoir-Vivre (pages 14 et 15), vocabulaire et expressions à retenir :

l'autocar ; une navette part toutes les ... minutes pour la gare de ... De ..., il faut ... minutes pour aller à ...

il y a un autocar toutes les ... minutes

il y a un départ toutes les ... minutes

s'arrêter à / partir pour

emmener quelqu'un à l'aéroport de ...

les stations du R.E.R.

avec l'autobus aller à ... en ... minutes

à peu près

jusqu'à

LE SAVIEZ-VOUS ?

Le Concorde

Avion de transport long-courrier construit par Sud Aviation et British Aircraft Corporation, conformément à l'accord de 1962 conclu entre la France et la G.B. afin de prouver l'intérêt de la coopération européenne dans le domaine technique. Le premier appareil a volé le 2 mars 1969.

Caractéristiques techniques : propulsé par 4 réacteurs anglais de marque Olympus, c'est un supersonique à aile delta à flèche évolutive et à structure fixe (envergure : 25,60 m ; longueur : 62,17 m ; poids : 174,60 t ; vitesse de croisière : Mach 2,2 soit 2 300 km/h).

Roland Garros

Aviateur français (né à Saint-Denis de La Réunion en 1888 – tué en combat aérien près de Vouziers le 7.10.1918). Il réalisa la première traversée de la Méditerranée (St-Raphaël/Bizerte - Tunisie) le 23 sept. 1913 : 760 km en 7 heures 33 mn (les bateaux les plus rapides mettaient à l'époque 31 h !). Il participa à la mise au point pendant la Première Guerre mondiale du procédé de tir à travers l'hélice. Il fut membre de la célèbre escadrille des Cigognes.

Stade Roland Garros : stade de Tennis de la porte d'Auteuil à Paris où se jouent les Internationaux de France.

Quelques pilotes français célèbres et leur avion

Louis Blériot (1872-1936) – 1re traversée de la Manche (1909) constructeur du « Spad ».

Charles Nungesser (1892-1927) – « L'Oiseau blanc ».

François Coli (1881-1927) mort avec Nungesser.

Jean Mermoz (1901-1936) – « La Croix du Sud ».

Henri Guillaumet (1902-1940).

Informations complémentaires

Société Nationale Air France : créée en 1933 ; nombre de passagers en 1987 : 13,4 millions.

Air Inter : créé en 1954 ; nombre de passagers : 12,8 millions.

U.T.A. (Union des Transports Aériens) : créé en 1963 ; nombre de passagers : 0,8 million.

Aéroport d'Orly : 1 533 ha à 14 km au sud de Paris ; inauguré en 1961 ; peut recevoir 22 millions de voyageurs par an.

Aéroport de Roissy (Charles-de-Gaulle) : 3 104 ha à 25 km de Paris. Mis en service en 1974 ; 16 millions de passagers en 1987.

Abréviations à connaître

R.A.T.P. :   Régie Autonome des Transports Parisiens
S.N.C.F. :   Société Nationale des Chemins de Fer Français
R.E.R. :   Réseau Express Régional
Métro :   « chemin de fer métropolitain » puis « le Métropolitain » puis « le métro ».

PROPOSITIONS D'EXERCICES

Les partitifs : achat dans une boutique « duty free ».

Les heures : à partir des horaires proposés par Air France.

Les lieux de destination / de provenance : utiliser plan du métro ou planning de vol A.F.

Les adjectifs de nationalité : noms des compagnies aériennes nationales.

Les chiffres : distance séparant des escales (voir carte page 17, de Paris : Lille : 210 km ; Strasbourg : 385 km ; Nantes : 346 km ; Bordeaux : 494 km ; Toulouse : 574 km ; Marseille : 628 km , Lyon : 387 km ; Nice : 675 km).

Les professions : imaginer les professions des passagers représentés sur la bande vidéo.

ÉPISODE 2 / À L'HÔTEL CONCORDE

APPRENTISSAGE

OBJECTIFS LINGUISTIQUES	OBJECTIFS CULTURELS
Lexique : Vocabulaire de l'hôtel de la papeterie du contenu d'un sac à main	L'hôtellerie française : – les sigles – choisir un hôtel
Grammaire : Je voudrais + nom Les adjectifs qualificatifs (accord genre et nombre) La négation simple Verbes : commencer, avoir, regarder	Les guides touristiques
Actes de parole : Exprimer un souhait Formes de politesse de base	

SENSIBILISATION

GRAMMATICALE	LEXICALE
Nombres Je voudrais + infinitif Pas de + nom Au / à la / aux Au / de la Les trois groupes de conjugaison Il y a, chez	Mobilier

CONTENU DES SÉQUENCES VIDÉO

POUR EN SAVOIR PLUS

CONTENU DES SÉQUENCES VIDÉO	POUR EN SAVOIR PLUS
Masculin – Féminin Articles indéfinis Négation Inventaire d'un sac à main	Classification des hôtels Sélection selon les budjets Prospectus hôtel / gîte rural Guide Michelin Syndicat d'initiative

1. Dialogues et savoir dire

a) Présentation de l'épisode

Les stagiaires travaillent à l'hôtel, à la réception. Ils regardent le réceptionniste.

b) Visionnement de la première partie (p. 19, n° 1) : « Je voudrais une chambre » : demander aux élèves ce que veut le client.

Puis le professeur demande aux élèves d'ouvrir leur livre p. 22 et il lit les deux textes, il explique le vocabulaire (nuit, bain, douche) et demande à deux élèves de jouer la situation en s'aidant, si besoin est, de leur texte.

Puis ils font l'exercice qui suit, p. 22.

c) **Visionnement intégral du film**, en reprenant la première scène du début.

Définir le lieu (la réception).
Définir la situation (les échanges entre les clients et le réceptionniste, les clients et les stagiaires).
Définir les souhaits (Je voudrais une chambre, un stylo).

d) **Visionnement segmenté du film**

Image n° 1 :
Relever les termes « ça dépend », « prêt / prête » et reposer la question : – Que veut le client ?

Images n° 2, 3, 4, 5 :
– Que veut le client / la cliente ?
– Que fait le réceptionniste ?
– Quelle est la réaction des stagiaires ?

Relever ici les formes de politesse (merci, au revoir, s'il vous plaît).
Noter la conjugaison du verbe « vouloir » employé au conditionnel ; donner au tableau la conjugaison complète.
Expliquer la contraction « au » : Il donne un timbre <u>au</u> client
  Il donne un timbre <u>à la</u> cliente.

Image n° 6 :
Que fait le réceptionniste ? (Il écrit une lettre, sur le papier)

Image n° 7 :
Changement de situation :
– Qui est cette personne ? (le voiturier)
– Que dit-il ?

Image n° 8 :
Où va le réceptionniste ? Les élèves réemploient les verbes « sortir » et « partir ».

Image n° 10 :
Que veulent les clients ? Expliquer « beaucoup de ».
Que peuvent faire les stagiaires ? Introduire les verbes « pouvoir » et « devoir », que le professeur écrit au tableau.

Image n° 11 :
Où va Françoise ?
Pourquoi va-t-elle chercher le réceptionniste ?
Que fait le réceptionniste ?
Où est-il ?

Image n° 12 :
Quelle est la réaction de Vincent ?
Si le professeur décrit les images dans le livre, il pourra insister sur la numérotation des images : première, deuxième ..., à droite, à gauche, au milieu.

e) **Écouter la cassette audio** avec le texte sous les yeux et faire relever les différentes intonations, puis lire le texte.

f) **Exercices de compréhension** pp. 13-14-15 du cahier d'exercices.

g) Visionnement de la partie grammaticale du film et p. 24 du livre.

Le genre des adjectifs : n° 3 p. 24.
Les élèves se présentent à nouveau en donnant leur nationalité.

La négation : expliquer la construction négative et notamment l'emploi de « n' » devant une voyelle ou un « h ».
Travailler l'intonation de la phrase négative.
Demander aux élèves de donner des exemples, puis faire les exercices n° 6 p. 16 et n° 10 p. 17 du cahier d'exercices.

h) L'article indéfini

Les élèves relèvent sur leur livre les articles du texte.

Le professeur montre la séquence du film « dans mon sac ». Les élèves résument ce qu'il y a dans le sac de la dame, puis disent ce qu'ils ont dans leur propre sac. Le professeur note au tableau les mots nouveaux.

Les élèves lisent les exemples et font les exercices p. 23 et n° 1 p. 15 du cahier d'exercices.

2. Savoir vivre

a) Les guides

Le professeur amènera en cours un guide qu'il présentera aux élèves. Il expliquera « consulter » par se renseigner / regarder.

b) Les hôtels français

Expliquer le vocabulaire et demander aux élèves s'ils connaissent des hôtels de luxe, où et comment ?

c) Si le professeur a un dépliant sur les **gîtes ruraux**, ou **gîtes d'étapes**, il le montrera et racontera son expérience.

d) Cabourg

Le professeur essaiera de situer Cabourg verbalement avant de le montrer sur une carte. (La Seine coule à Paris et va se jeter dans la Manche, la mer entre la France et l'Angleterre). Il peut parler de Deauville. Puis il présentera rapidement Proust et expliquera le vocabulaire.

Marcel Proust (1871-1922) : écrivain français. Fils de médecin, il fait ses études au lycée Condorcet, puis mène une existence mondaine. Ses grandes œuvres : *À la recherche du temps perdu, Le Côté de Guermantes*. Après sa mort, paraissent : *La Prisonnière, Albertine disparue (ou La Fugitive) et Le Temps retrouvé*.

Cabourg : chef-lieu de canton du Calvados, sur la Manche, à l'embouchure de la Dives, 3 249 h. Station balnéaire.

e) Expliquer encore les termes de : **Office de tourisme**, « s'adresser à, ascenseur, admis », puis faire l'exercice p. 27.

Le professeur expliquera également qu'avec le verbe « choisir » les élèves connaissent maintenant les trois groupes de conjugaison.

3. Faisons le point

Tests p. 28 et 29.

Expliquer le « pas de... » de l'exercice n° 5, 2e partie p. 29.

Terminer par les exercices proposés de la partie « Ouvertures », p. 22.

4. Ouvertures

VOCABULAIRE THÉMATISÉ

Vivre dans un hôtel.
Vocabulaire pratique et usuel.
Aspects de l'hôtellerie française.

LA VIE À L'HÔTEL

Vocabulaire usuel

Dans un grand hôtel : portier à l'extérieur ; son rôle : ouvrir les portières de voiture, accueillir la clientèle, porter les bagages, tenir la porte... (voir image livre page 26), souvent dans les palaces : présence de porteurs, grooms.

Réserver une chambre : par lettre (écrire un courrier) ou par téléphone. Lieu : réception de l'hôtel. Personnel : employé de la réception ou réceptionniste.

Variantes possibles :
• une chambre individuelle (pour 1 personne) = chambre à 1 lit.
• une chambre pour 2 personnes (chambre avec un grand lit ou 2 lits jumeaux).
• réserver une suite (appartement de plusieurs pièces en enfilade), si vous être très riche !
• lit supplémentaire pour enfant (en général facturé en plus).
• avec douche ou salle de bains (ou sans -).
• avec salle d'eau commune.
• W.C. à l'étage (les toilettes sont dans le couloir) ou privatif .
• chambre avec vue sur le jardin, la cour, la rue... (la chambre donne sur ...).
• téléphone (bar, télévision) dans la chambre.

Possibilités offertes :
• pension complète (les 3 repas).
• demi-pension (petit-déjeuner + 1 repas).
• chambre avec petit déjeuner (rarement sans).

Dans le hall de l'hôtel Concorde : des boutiques de mode, de souvenirs, plusieurs restaurants, agence de théâtre, une antenne de location de voiture, ... une exposition temporaire d'objets d'art,.

Point de rendez-vous : statue représentant la Victoire de Samothrace.

Quelques rituels

Remplir une fiche : « Pouvez-vous remplir cette fiche » (la fiche de police a été supprimée en 1974 sauf pour les étrangers).

Déposer la clé à la réception : « Avez-vous laissé votre clé à la réception ? »

Un message : « Il y a un message pour vous, Monsieur ... »

Le réveil : « Pouvez-vous me réveiller à ... heures, demain matin ? »

Téléphoner : « Je voudrais téléphoner à l'extérieur au numéro suivant ».

Se situer : « À quel étage se trouve la chambre ? » ; « Où est l'ascenseur, l'escalier ? »

Objets de valeur : « Est-ce que je peux déposer de l'argent, des bijoux, mes papiers ... » (exiger un reçu).

Changer de l'argent : « Est-ce que je peux changer de l'argent, à quel taux ? » ; « Acceptez-vous les eurochèques ? »

Garer sa voiture : « Puis-je garer ma voiture dans (sur) le parking de l'hôtel ? »

Taxi : « Appelez-moi un taxi ! » ; « Où se trouve la prochaine station de taxis ? »

Régler la facture de l'hôtel : « Vous réglez votre facture par chèque, par carte de crédit ou en espèces (en liquide) ? » ; « Le service est-il compris ? »

Vocabulaire usuel supplémentaire

Lieux de l'hôtel : le salon, la salle à manger, la cuisine, le bar ...

Métiers de l'hôtellerie : le portier, le porteur, le concierge, le groom, le liftier, la gouvernante, le chasseur, le garçon d'étage, ...

Une serviette de toilette, un savon, une brosse à dents, un tube de dentifrice.

Quelques qualificatifs : chambre calme, - tranquille, - bruyante ; prix modestes, prix séduisants.

Quelques expressions familières

« C'est un hôtel minable, miteux » : qui ne mérite pas le détour, - de dernier ordre (« c'est un boui-boui »).

« L'addition était salée » : le montant était très élevé pour des prestations moyennes.

« C'est un hôtel borgne » : qui a une très mauvaise réputation, - mal famé.

Abréviation courante pour petit déjeuner : le petit déj.

Mener la vie de palace : dépenser sans compter.

Offrir le gîte et le couvert à quelqu'un.

Prendre la maison de quelqu'un pour une auberge : y aller dîner souvent sans être invité.

« On n'est pas sorti de l'auberge » : les difficultés augmentent et nous retiennent.

« C'est un vrai concierge ! » : une personne qui parle beaucoup.

Les catégories d'hôtels (page n° 26 du livre)

1 étoile : chambre avec eau chaude et froide à toute heure, chauffage central, 1 W.C. par étage pour 10 chambres, 1 salle de douche pour 30 personnes, petit déjeuner dans la chambre.

2 étoiles : ascenseur obligatoire à partir du 4e étage, 1 salle de bains ou de douche pour 20 personnes.

3 étoiles : moquette ou tout matériau de qualité dans le hall, salons et bar, le personnel doit parler au moins 2 langues étrangères ; au moins un étage doit être équipé de 2 W.C.

4 étoiles : prestations de qualité (plusieurs restaurants, 1 ascenseur pour le 2e étage).

5 étoiles : luxe et grand confort, prestations de haut niveau.

VOCABULAIRE MENTIONNÉ DANS LES COMMENTAIRES D'IMAGES

Page 25

Adjectifs : modeste, rudimentaire, peu confortable, vieillot ; aspects extérieurs peu incitateurs, prix peu élevé, hôtel bon marché ; seule prestation : petit déjeuner ; riche / pauvre.

Le guide du Routard est acheté par des étudiants ou des jeunes, très sportifs en général, à l'esprit aventureux.

Routard : personne qui aime vagabonder librement.

Que recherche le routard ? Hôtels pas chers, pittoresques, le manque de confort ne le dérange pas.

Le guide rouge Michelin : créé par André Michelin (1853-1951/inventeur du pneu) en 1900 ce qui explique la présence du « Bibendum » (symbole de la marque Michelin) sur la couverture. Ce guide répertorie les hôtels et restaurants et leur donne une note (symboles utilisés : de 1 à 3 étoiles pour les restaurants). Tirage 88 : 620 000 ex. (vente du 20 000 000 e en 1986). Le guide vert est un guide exclusivement touristique.

Bibendum : nom donné à la figure publicitaire créée par le dessinateur O'Gallop pour Michelin (fin XIXe siècle) qui représente un bonhomme composé de pneus superposés. Par extension : homme corpulent.

Le guide des auberges et logis de France : créé en 1949 (recense 4 095 hôtels « logis » et 563 « auberges »).

Autres guides : le guide Gault & Millau (tirage : 220 000 ex.) ; le guide des Gîtes de France pour trouver une chambre d'hôte ou « Bed and Breakfast » à la française ou une table d'hôte (contient 7 000 adresses) : classement en épis (de 1 à 4 épis) selon le degré de confort et la qualité de l'environnement.

Pages 26/27

Le palace (mot d'origine anglaise) : grand hôtel de luxe.

Le portier est en livrée.

La nostalgie : regret de ce qu'on a pas vécu (avoir la - de ...).

Balnéaire : relatif aux bains de mer (une station -).

Cabourg : ville touristique de Normandie située sur la « Côte Fleurie » à quelques km à l'ouest de Deauville.

Se renseigner / le renseignement (demander / donner un -).

S'adresser à quelqu'un pour demander un renseignement.

Le gîte rural (pluriel : les gîtes ruraux).

Gîte : abri, demeure, logement, maison.

LE SAVIEZ-VOUS ?

Lafayette (Marie-Joseph) Marquis de

Général et homme politique français (1757-1834) qui prend part à la guerre d'indépendance américaine et devient populaire. Député de la noblesse aux États-Généraux, il est nommé commandant de la Garde Nationale en 1789. Partisan d'une monarchie constitutionnelle. En 1791 il fait tirer sur les manifestants au Champ-de-Mars et devient impopulaire. Se sépare des Jacobins pour constituer le club des

Feuillants. Il cesse la lutte contre les Autrichiens et émigre en Louisiane. Député pendant les Cent-Jours, il fait proclamer la déchéance de Napoléon. Chef de l'opposition libérale, il prend une part importante à la Révolution de 1830 et facilite l'accession de Louis-Philippe au trône.

Le groom (mot anglais : jeune homme)

Jeune domestique en livrée chargé de faire les courses dans les grands hôtels (= chasseur, commissionnaire).

La conciergerie

Service d'un grand hôtel qui assure l'accueil de la clientèle (remise des clés, manutention des bagages, parcage des véhicules, ...), l'attribution des chambres, la répartition du courrier. Appellation fréquente : « l'homme aux clés d'or ».

Quelques chiffres et données sur l'hôtel Concorde

Personnel employé : 650 personnes
Nombre de chambres : 1 000.
2 000 m^2 de salons de réception.
Hauteur de la tour : 130,55 mètres.
Nombre d'étages : 33.

Autres possibilités d'hébergement

L'auberge : maison très simple où l'on trouve à loger et manger (située à la campagne).
Pour les jeunes : auberge de jeunesse.
Le camping (mot anglais 1905) : faire du camping sauvage.
Le caravaning (de l'anglais caravan, d'après camping) ; mot français officiel : le caravanage.

PROPOSITIONS D'EXERCICES

Remplir une fiche d'hôtel.
Exploiter un extrait de guide autre que ceux représentés dans le livre.
Choisir une photo du livre pp. 25-26 et dire pourquoi vous y avez réservé 1 chambre, indiquer 3 raisons pour ou contre.
Faire découvrir à l'aide de renseignements sur hôtels la catégorie d'appartenance.
Jeu avec les logo-types (voir document page suivante).
Expliquer ce que fait : le portier, le porteur, la standardiste, le garçon d'étage, le liftier...
Jeux de rôles :
• entre 1 réceptionniste et 1 client. Thème : chat admis, bébé, ...
• entre 1 employé d'office de tourisme et 1 personne qui cherche un hôte (prix, confort, prestations offertes, éloignement par rapport au centre, ...)
• entre le portier et 1 client : heure de fermeture, remise des clés, lieux de visite, ...
Remplir une fiche d'appréciations (voir modèle p. 20 du cahier d'exercices).
Comparer deux ou trois sites de villégiature.

Bassignac-le-Bas Chauvac

♥ ♥ ♥ (TH) Au château. Fermé du 1/12 au 31/1. Table d'hôtes.

Tulle 35 km. Brive 68 km, Aurillac 75 km. Gare Biars/Bretenoux 10 km. Beaulieu-sur-Dordogne 5 km.

Prix : 180 à 240 F 1 pers. **250 à 310 F** 2 pers. **380 F** 3 pers.

5 chambres à l'étage dans un château du 15 et 16 siècle restauré dominant la Vallée de la Dordogne dont 2 chambres avec cabinets de toilette et 3 avec lavabo, salle de bains et 2 wc à l'usage exclusif des hôtes. Chauffage électrique individuel. Piscine sur place, TV, cheminée. Vue sur la Vallée de la Dordogne.

LAVERGNE Françoise — Château de Chauvac — 19430 Bassignac-le-Bas — Tél. : 55.91.07.22.

Cheverny

♥ ♥ ♥ Ouvert du 1er avril au 15 novembre.

Cheverny 6 km. Gare SNCF à Blois 10 km.

Prix : 150 F 1 pers. **180/210 F** 2 pers. **280 F** 4 pers. Lit supp. **50 F** .

4 chambres d'hôtes aménagées dans un maison de caractère située en pleine campagne. 1 chambre 2 pers. avec salle d'eau particulière, 2 chambres 2 pers. avec salle de bains commune. 1 chambre 4 pers. avec salle d'eau et wc particuliers. Pêche, tennis privé, forêt sur place. Piscine 5 km. Rivière 10 km. jeux d'enfants. Animaux admis. Vélos sur place.

BERLAND Gérald — La Ménerie — Cheverny — 41700 Contres — Tél. : 54.79.62.41.

Coursegoules
C.M. n° 195 — Pli n° 5

♥ ♥ Ouvert toute l'année.

Alt. 1000 m. Littoral 25 km. Gare SNCF Nice. Accès en pas. Col de Vence.

Prix : 110 à 130 F 1 pers. **155 à 195 F** 2 pers. **15 F** suppl. chauffage. **40 F** lit suppl. sur demande.

2 chambres d'hôtes de 2 pers (2 L) avec salle d'eau commune. Terrasse, parking privés. Tennis, randonnées sur place. Baignade, pêche 1 km. Ski alpin et de fond 14 km. Piscine 16 km. Restaurant 200 m. Animaux admis.

WALRAVENS Jacques — Le Brec — 06140 Coursegoules — Tél. : 93.59.10.53.

Luc-sur-Aude Castillou
C.M. n° 86 — Pli n° 7

♥ A la ferme. Ouvert toute l'année.

Couiza 6 km.

Prix : 80 F 1 pers. **120 F** 2 pers. **160 F** 3 pers. **190 F** 4 pers.

2 chambres d'hôtes aménagées dans une propriété située en pleine campagne dans le Massif des Corbieres constituée par un ensemble de bâtiments de caractère. 2 chambre 4 pers. avec salle d'eau part. dans chaque chambre. Salle de séjour à la disposition des hôtes. Parking. Initiation à la randonnée équestre. Restaurant, pêche 3 km. Equitation sur place. Piscine, tennis 5 km. Voile 20 km.

PONS Jean-Claude — Castillou Gaec des fleurs Moin — Luc-sur-Aude — 11190 Couiza — Tél. : 68.74.05.31.

Salperwick

♥ ♥ (TH) Maison de caractère. Ouvert toute l'année. Table d'hôtes.

Saint-Martin-au-Laërt (2,5 km). Saint-Omer (5 km). Région naturelle de l'Audomarois.

Prix : 110 à 120 F 1 pers. **150 à 170 F** 2 pers. **180 à 200 F** 3 pers. **200 à 225 F** 4 pers. **55 F** repas.

4 chambres d'hôtes 2 à 5 pers. aménagées dans une gentilhommière accessible aux handicapés. Ameublement rustique. 1 chambre avec salle de bains particulière, et 2 avec salles d'eau communes. Salle de séjour à la disposition des hôtes. Jardin. Terrain. Pêche sur place. Rivière, équitation 500 m. Tennis 2 km. Baignade, piscine, forêt 5 km. Voile 25 km. Mer, plage 38 km. Produits fermiers sur place. Restaurant 3 km. Location de barques. Voiture indispensable.

COSSART Léon — Relais de l'amitié — Salperwick — 62500 Saint-Omer — Tél. : 21.38.11.91.

Verrieres-en-Forez Conols
C.M. n° 73 — Pli n° 17

♥ ♥ Ouvert toute l'année.

Alt. 950 m. Monts du Forez. Gare SNCF à Saint-Anthème 11 km. Montbrison 13 km.

Prix : 95 F 1 pers. — **130 F** 2 pers. — Pens. **150 F** . 1/2 pens. **115 F** . Repas de passage **43/60 F** .

5 chambres d'hôtes à l'étage, dans un ensemble de 8 chambres avec vue sur la plaine du Forez. Cheminée. Télévision. Terrasse. Possibilité de pension. Auberge sur place. (+ dortoir de 6 lits). Séjour avec cheminée. 4 chambres (1 lit 2 pers.) 1 chambre 3 pers. avec douche et wc. Les 4 chambres ont des sanitaires communs pour 2 chambres.

RIVAL Victor — Auberge de Conol — 42600 Verrières-en-Forez — Tél. : 77.76.23.08.

ÉPISODE 3 / **PARIS LA NUIT**

APPRENTISSAGE

OBJECTIFS LINGUISTIQUES	OBJECTIFS CULTURELS
Lexique : Vocabulaire thématique : 　　　　－ à l'hôtel 　　　　－ le temps 　　　　－ les verbes de mouvement **Grammaire :** Les déterminants 　　　　Les pronoms « tu » et « vous » 　　　　Verbes : donner, terminer, venir, sortir **Actes de parole :** Apprendre à lire l'heure 　　　　　　à demander quelque chose à l'hôtel 　　　　　　à donner des ordres 　　　　　　à noter un rendez-vous 　　　　　　à exprimer « sortie » et « revenir »	Apprendre à faire une réservation à l'hôtel Apprendre à découvrir Paris la nuit

SENSIBILISATION

GRAMMATICALE	LEXICALE
Les nombres	Notions d'étonnement, de gêne, de surprise : le ton dans la phrase Les jours de la semaine

CONTENU DES SÉQUENCES VIDÉO / POUR EN SAVOIR PLUS

CONTENU DES SÉQUENCES VIDÉO	POUR EN SAVOIR PLUS
Pronoms personnels : tu, vous	Les hôtels
Articles définis	Paris et les monuments
L'heure	Paris, la nuit

1. Dialogues et savoir dire

a) Tests, vocabulaire ou résumé

b) Visionnement intégral du film

Commentaires rapides : － situer les personnages (Jean, un ami, un client)
　　　　　　　　　　－ situer le lieu (à l'hôtel, à la sortie du cinéma, au restaurant, dans un bar)
　　　　　　　　　　－ définir la situation (Vincent passe la nuit avec Jean).

Poursuivre la leçon sur l'heure, en introduisant « à quelle heure ? »

c) Visionnement segmenté du film

« Découpage », ici selon les lieux de l'action :

À l'hôtel : – Qui arrive ?
  – Que fait Vincent ?
  – Quel est le problème ?
  – Comment Vincent résoud-il le problème ?

Relever le tutoiement entre amis et le vouvoiement avec les clients.

Avec Jean dans Paris : questions de compréhension en relation avec les images.

De retour à l'hôtel : même démarche.

Relever tout au long de cette émission, les expressions sur le visage de Vincent (étonné, fatigué, joyeux, pressé, ennuyé).

Noter au tableau les expressions nouvelles et les verbes pour faciliter le travail oral.

d) Lecture de la première partie (images 1 à 8)

Expliquer avec le nouveau vocabulaire.
Commenter les images du livre.
Relever l'expression des visages.
Intonation de la phrase (l'étonnement de Vincent).

e) Lecture de la deuxième partie (images 9 à 11)

Réétudier les scènes l'une après l'autre d'après le lieu.
Relier chaque dialogue à la photo correspondante.
Décrire cette photo en donnant l'heure.
Terminer la lecture de la dernière scène en insistant sur les formes de politesse : noter les formes complémentaires au tableau.

f) Exercices de compréhension pp. 21-22-23 du cahier d'exercices.

g) Grammaire p. 34, 35 et 36, insister sur les points n° 2, 3, 4 car les autres ont déjà été vus en cours de l'exploitation du dialogue.

Compléter avec les exercices structuraux pp. 23-24-25 du cahier d'exercices.

h) Exploitation du **lexique complémentaire** et des exercices d'application n° 1 à 4, pp. 25-26 du cahier d'exercices.

2. Savoir vivre

a) À l'hôtel

Regarder les dessins p. 37, les commenter, puis lire le texte que les élèves reprendront.
Expliquer les nouveaux termes puis s'exercer à l'oral :
– Vous voulez réserver à l'avance, que faites-vous ?
– Où sont affichés les prix dans un hôtel ?

Exploiter les conseils p. 38 après les avoir expliqués avec de petits jeux questions / réponses selon les indications du tableau jaune.

Compléter par les exercices « Savoir vivre » du cahier d'exercices, n° 5 et 6, p. 26.

b) Paris la nuit

Montrer les principaux monuments de Paris (diapositives, photos, affiches, prospectus, guide ...) pour exploiter plus facilement les textes : se servir des images pour décrire ce que sont la charpente, l'art gothique, les musées. Voir également les images p. 38 et 39.

« C'est ouvert la nuit » sera exploité par des jeux de question/réponse concernant ce que l'on veut faire à telle heure (cf. « Entraînez-vous »).

3. Faisons le point

Tests pp. 40 et 41.
Exercices proposés de la partie « Ouvertures » p. 27.

4. Ouvertures

VOCABULAIRE THÉMATISÉ

Réservation d'une chambre d'hôtel (se reporter à l'émission 2)
Sortir le soir : cinéma, restaurant, bar, club.
Fixer un rendez-vous / faire une invitation.

LA RÉSERVATION D'UNE CHAMBRE D'HÔTEL

Voir vocabulaire usuel mentionné dans l'émission 2, partie « Vie à l'hôtel ».

La réservation peut se faire

par téléphone	3 styles d'écriture différents
par télécopie	Exercices possibles : Rédiger textes / dialogues
par courrier	de réservation dans un hôtel de votre choix

Lors de la réservation : versement d'arrhes / remise d'un reçu

Arrhes (mot toujours employé au pluriel) : donner des arrhes à titre d'acompte ; les arrhes sont perdues si
la réservation est annulée sans motif particulier et au dernier moment ; dans d'autres conditions :
négociation de gré à gré.

Afficher les prix est une obligation (sur la paroi intérieure de la porte de la chambre)

Les conditions d'hébergement variant d'un hôtel à l'autre : très souvent le petit déjeuner est compris dans
le prix de la chambre. Prendre ses repas à l'hôtel n'est pas une obligation.

Possibilités d'annulation / ou de report de réservation

pour cause de maladie
pour cause d'accident
pour cause de décès
rendez-vous professionnel déplacé

Autres sources de mécontentement

Le bruit : la chambre donne sur la rue très passagère, station de bus sous la fenêtre, tuyauterie sonore, …
Le lit : trop petit, matelas usé, montants du lit grincent …
Le manque de propreté : moutons sous le lit, cafards dans les armoires, salle de bains mal entretenue,
literie sale.
Panne de courant, ampoule défectueuse, téléviseur / radio hors d'état de marche.
Vol des effets personnels.
Chambre attribuée à quelqu'un d'autre.
Le lavabo est bouché, il y a des odeurs dans les toilettes.
Exercice : Rédiger une lettre de réclamation.

Autre vocabulaire usuel

La literie : les draps, les couvertures, l'édredon, l'oreiller, le traversin, le couvre-lit.
Faire la chambre : nettoyer la chambre.
Réserver une table dans un restaurant : « Je voudrais réserver une table pour 4 personnes pour
9 heures ».
« Le téléviseur ne marche pas » : il est en panne.

SORTIR LE SOIR

Vocabulaire usuel

« Ma femme et moi sortons beaucoup : deux ou trois fois par semaine ».

Aller à un spectacle : assister à une pièce de théâtre, écouter un concert, voir un nouveau film, assister à un ballet / spectacle de danse / spectacle chorégraphique.

« Cela fait une éternité que je ne suis pas sorti ! »

Théâtre : la représentation théâtrale (cette pièce a déjà eu 150 représentations).

Louer les places : la location des places.

Il y a beaucoup de monde et il faut donc faire la queue.

Au guichet : acheter un programme ; « la location est ouverte depuis hier ».

Déposer son manteau au vestiaire ; attendre l'entracte pour aller aux toilettes.

Cinéma : jouer un film / passer un film au cinéma l'Eden.

Le concert, l'opéra , le musicien, le soliste, le chef d'orchestre, ... le chanteur, la cantatrice.

Le ballet : la troupe, le danseur / la danseuse étoile.

Le piano-bar, le cabaret, le night-club, le dîner-spectacle, la discothèque, le music-hall.

Le chansonnier.

Quelques expressions

Aller en boîte : aller en boîte de nuit (petit cabaret ouvert la nuit, où l'on danse).

Faire la foire : s'adonner à une vie de débauche.

Partir en java : sortir avec l'idée de s'amuser sans retenue.

« C'est un navet » : en parlant d'un très mauvais film.

« La pièce a fait un bide, est un bide » : désastre, échec.

Faire un four : pièce ou manifestation artistique qui n'a pas de succès (autrefois on éteignait les chandelles de la salle par économie – qui devenait ainsi noire comme dans un four).

FIXER UN RENDEZ-VOUS / FAIRE UNE INVITATION

Vocabulaire usuel

Inviter quelqu'un à ... (déjeuner, dîner, au restaurant, au cinéma ...) ; l'invitation.

« J'ai invité Christian et Sylvie pour samedi soir ».

Le rendez-vous : prendre un - ; avoir un - (« J'ai - à 9 heures chez le dentiste ».

Offrir une boisson à quelqu'un.

Quelques expressions

Le rancard : populaire pour rendez-vous ; « avoir un rancard ».

Poser un lapin à quelqu'un : ne pas se présenter au rendez-vous qu'on a fixé à quelqu'un.

LE SAVIEZ-VOUS ?

La Tour Eiffel

Construite par Gustave Eiffel (1832-1923) à l'occasion de l'Exposition universelle de 1889. Durée des travaux : 2 ans, 2 mois, 5 jours.

Quelques chiffres :

Les fondations ont nécessité 31 000 m^3 de déblais et 12 500 m^3 de maçonnerie.

La tour comprend 18 000 pièces percées de 7 millions de trous, 620 feuilles de 3 à 18,5 mm assemblées par 55 000 rivets (soit au total 2 500 000 rivets).

4 ascenseurs permettent d'acheminer 600 personnes par heure.

Hauteur : environ 320 mètres en incluant l'antenne TV ajoutée en 1956.

Peinture : repeinte tous les 7 ans (poids d'une couche : 5 tonnes - 40 000 heures de travail).

Poids total : 10 100 tonnes .

Largeur à la base : 127 mètres.

Diamètre des arcs de la base : 74 mètres.

Surface du 1er étage : 4 200 m^2 ; du 3e : 550 m^2.

Escalier : 1 792 marches.

Nombre de visiteurs : 4 386 291 (en 1987).

Notre-Dame-de-Paris

Cathédrale de Paris, située dans l'Ile de la Cité. Elle fut mise en chantier par l'évêque Maurice de Sully en 1163 et achevée dans son gros-œuvre en 1245. La façade et les tours datent du deuxième quart du XIIIe siècle. Restaurée par Viollet-le-Duc de 1845 à 1864.

Quelques chiffres :

Elle peut contenir 9 000 personnes dont 1 500 dans les tribunes.

Hauteur des tours : 63 m ; longueur de la nef : 130 m ; largeur : 48 m ; superficie : 5 955 m^2.

La flèche se situe à 81 mètres du sol.

Nombre de visiteurs pour les tours : 522 000 en 1987.

Le Palais de Chaillot

Chaillot : ancien village des environs de Paris situé sur la colline du même nom ; incorporé à la capitale en 787. Il forme actuellement un quartier du XVIe arrondissement.

Le palais :

Ensemble architectural réalisé en 1937 par les architectes Carlu, Boileau et Azéma. Il s'organise autour d'une terrasse descendant jusqu'à la Seine en face de laquelle s'ouvre la perspective du Champ-de-Mars. Au pied de la colline se trouve une pièce d'eau centrale animée par de nombreux jeux d'eau. Le Palais de Chaillot abrite de nombreux musées (de la Marine, de l'Homme, des Monuments français et la Cinémathèque française pour une surface de 70 000 m^2) ainsi qu'un théâtre de 3 000 places.

L'Arc de Triomphe de l'Étoile

Commencé sur les plans de Chalgrin (1806) en style néo-classique après la campagne de Prusse, à la gloire de la Grande Armée, il ne fut inauguré qu'en 1836. Il est orné de grandes fresques sculptées dont le Départ des volontaires (de Rude), exécutées à partir de 1833. Sous l'Arc sont inscrits les noms de 30 grandes batailles, 96 faits d'armes éclatants, 386 généraux et militaires ayant participé aux guerres de la Révolution et de l'Empire. Un soldat inconnu de la 1re Guerre mondiale a été inhumé sous ce monument le 11 novembre 1920.

Quelques chiffres :

Hauteur : 50 mètres ; largeur : 45 mètres ; hauteur du grand arc : 29 mètres.

Poids : 1 000 tonnes ; 4 400 m^3 de pierres utilisées ; poids : 100 000 tonnes.

Nombre de visiteurs : 502 000 en 1987.

Coût de la restauration : 34 millions de francs.

Les arrondissements

En 1840 : 12 arrondissements.

En 1859 : annexion de 11 communes et nombre d'arrondissements porté à 20.

PROPOSITIONS D'EXERCICES

En utilisant la carte des arrondissements parisiens demander où se trouve un ou plusieurs monument(s) célèbre(s) (voir documents page suivante) : entraînement à l'usage de l'adjectif numéral ordinal.

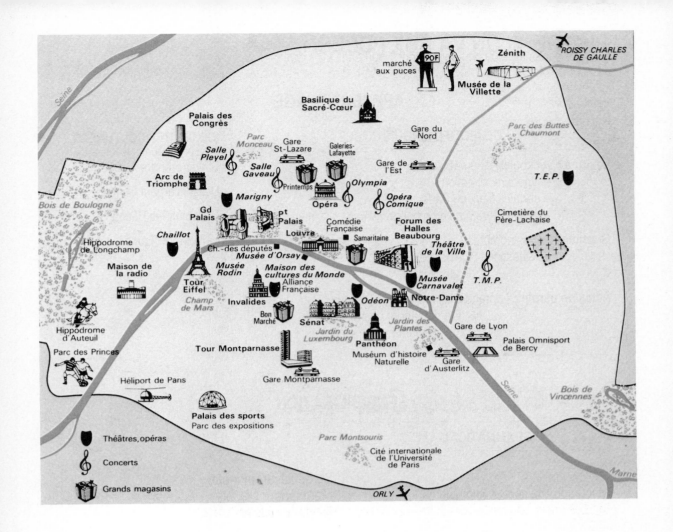

Seine

✈ ROISSY CHARLES
DE GAULLE

marché
aux puces

Zénith

**Musée de la
Villette**

**Basilique du
Sacré-Cœur**

Gare du
Nord

*Parc des Buttes
Chaumont*

**Palais des
Congrès**

*Parc
Monceau*

Gare
St-Lazare

Galeries-
Lafayette

Gare de
l'Est

T.E.P.

*Salle
Pleyel*

*Salle
Gaveau*

**Arc de
Triomphe**

Printemps

Olympia

*Opéra
Comique*

Cimetière du
Père-Lachaise

Marigny

Opéra

Bois de Boulogne

Gd
Palais

pt
Palais

Comédie
Française

■ Samaritaine

**Forum des
Halles
Beaubourg**

Chaillot

Louvre

*Théâtre
de la Ville*

Hippodrome
de Longchamp

Ch.-des députés

Musée d'Orsay

*Musée
Rodin*

*Maison des
cultures du Monde*
Alliance
Française

*Musée
Carnavalet*

T.M.P.

Maison de
la radio

**Tour
Eiffel**

*Champ
de Mars*

Invalides

Bon
Marché

Notre-Dame

Odéon

Hippodrome
d'Auteuil

Sénat

*Jardin du
Luxembourg*

*Jardin des
Plantes*

Gare de Lyon

Palais Omnisport
de Bercy

Parc des Princes

Tour Montparnasse

Panthéon

Muséum d'histoire
Naturelle

Gare
d'Austerlitz

Seine

*Bois de
Vincennes*

Héliport de Paris

Gare Montparnasse

Palais des sports
Parc des expositions

Parc Montsouris

Cité internationale
de l'Université
de Paris

Marne

ORLY ✈

🛡 **Théâtres, opéras**

🎵 **Concerts**

🎁 **Grands magasins**

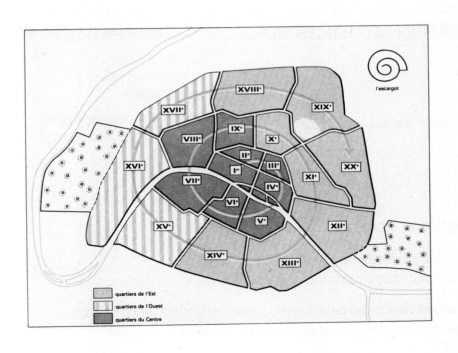

l'escargot

XVIII⁰

XVII⁰

XIX⁰

VIII⁰

IX⁰

X⁰

XVI⁰

II⁰

I⁰

III⁰

XX⁰

VII⁰

IV⁰

XI⁰

VI⁰

XV⁰

V⁰

XII⁰

XIV⁰

XIII⁰

■ quartiers de l'Est

□ quartiers de l'Ouest

■ quartiers du Centre

ÉPISODE 4 / **ON VA AUX PUCES**

APPRENTISSAGE

OBJECTIFS LINGUISTIQUES	OBJECTIFS CULTURELS

Lexique : Vocabulaire thématique :
– itinéraire, direction
– certains lieux de Paris
– la nourriture, une commande au café
 	
Grammaire : Les nombres
            Questions : Qu'est-ce que … ?
                        Pour aller où ?
 	
Actes de parole : Apprendre à compter
                        à demander une direction
                        à passer une commande au café
	Savoir prendre le métro
	
	Utiliser l'argent français
	
	Découvrir les Puces
	
	La Foire du Trône

SENSIBILISATION

GRAMMATICAL	LEXICALE
Orthographe de cent et vingt (pluriel)	Se déplacer en métro Marchander un objet Régler un achat

CONTENU DES SÉQUENCES VIDÉO | ## POUR EN SAVOIR PLUS

CONTENU DES SÉQUENCES VIDÉO	POUR EN SAVOIR PLUS
Se diriger Compter Pronoms personnels disjoints : toi, moi	Le métro parisien Le marché aux Puces Les distractions Plans de Paris clairs et lisibles Film ou photo du Marché aux Puces

1. Dialogues et savoir dire

a) Tests p. 40/41 ou **vocabulaire** ou **résumé**.

Pour cette émission, nous proposons un tout autre mode de fonctionnement.

b) Visionnement sans le son de la première scène « devant une station de métro ».

Mettre les participants en situation et leur demander d'imaginer les dialogues :
– Que font-ils ?
– Où sont-ils ?

– Que veulent-ils ? Où veulent-ils aller ?

– Que disent-ils ?

Mêmes démarches pour les scènes suivantes « dans le métro » et « au guichet ». Mêmes initiatives de la part du professeur :

– Où vont-ils ?

– Comment ?

– Quelles directions prennent-ils ?

– Que disent-ils ?

Introduire alors l'expression « Pour aller à » du n° 2 p. 47.

Noter les différentes réponses au tableau et en déduire le tableau de « Notez bien » sur les contractions (à la, au).

Prendre le livre p. 47 et s'initier à demander une direction.

Après plusieurs jeux de rôle, par exemple : – Pour aller à la poste, s.v.p. ?

                                                                        – Vous prenez … vous tournez … vous changez …

passer la scène « à la station gare de l'Est » et « Porte de Clignancourt » et demander aux élèves de donner les renseignements eux-mêmes.

Lorsqu'ils se sont tous exprimés, repasser le film avec le son cette fois.

c) Prendre p. 46 la partie grammaticale sur **les nombres** : lecture du professeur, puis reprise par les participants.

Interroger les élèves en notant des nombres au tableau. Penser à toujours revenir sur la lecture ou la dictée de nombres dans les leçons futures.

Faire remarquer l'orthographe des nombres, donner la règle :

les adjectifs numéraux sont invariables sauf :

> – « un » qui varie en genre : une chambre
> – « vingt » et « cent » qui prennent l's du pluriel lorsqu'ils sont multipliés sans être suivis d'un autre nombre :
> quatre-vingts chambres mais quatre-vingt-deux chambres
> six cents francs mais six cent cinquante francs

d) Visionner avec le son les scènes « À la loterie » et « Aux Puces » et poser des questions sur le contenu.

Lire ces passages sur le livre, noter l'accord de quatre-vingts francs et relever les nouveaux verbes : « valoir, offrir, manquer, gagner, perdre, jouer » et en donner la conjugaison au tableau.

Terminer en visionnant « Dans une buvette ».

– Questions d'ordre général.

– Lecture du passage.

– Relever les expressions « pour moi », « pour toi ». Noter le nouveau vocabulaire : avoir faim, soif, manger, boire.

– Se reporter à la conjugaison p. 48, puis au n° 3 : lire le texte, jouer la scène avec de nouvelles données, faire l'exercice et réemployer le vocabulaire de « Notez bien ».

e) Visionnement intégral du film

L'émission ayant été complètement découpée, la repasser en entier, afin que les étudiants fixent les différents actes de paroles.

Lecture complète de l'épisode.

f) **Exercices d'achats** dans une boutique p. 46.

g) **Exercices de compréhension** pp. 30-31 du cahier d'exercices.

h) Faire les **exercices structuraux** pp. 32-33-34 du cahier d'exercices.

i) Exploiter le **lexique complémentaire** du cahier d'exercices n° 1 à 5, pp. 34-35.

2. Savoir vivre

a) Le métro

Le professeur lit le texte et pose des questions sur le contenu :
– Combien de lignes a le métro parisien ?
– Combien de stations ? de correspondances ?
– Combien transporte-t-il de voyageurs par jour ?

Les élèves emploient les nombres.
Lecture.
Les participants s'initient à acheter un billet et à prendre le métro.
Le professeur amènera un plan de métro plus grand pour la manipulation.
Exercices du cahier d'exercices n° 6 à 8, p. 35.

b) L'argent français

Observations des billets.
Lecture référente aux billets, questions classiques de compréhension.
Reprendre les énoncés p. 46 pour faire l'exercice « Entraînez-vous » p. 50.

c) Les Puces

Lire le texte et transformer la syntaxe de certaines phrases :
– Le marché aux Puces existe depuis 100 ans.
– Des marchands, des antiquaires font des affaires avec 70 % d'étrangers.

Après quoi simplifier le texte, poser de petites questions : Où ? Quand ? Quoi ? Qui ?
Exercices de compréhension n° 10-11, p. 35 du cahier d'exercices.

d) La Foire du Trône

Lecture rapide du texte.
Apport du vocabulaire (manèges ...).
Situer le bois de Vincennes sur le plan du métro.
Essayer de comparer cette fête avec celle du pays des étudiants.

3. Faisons le point

Tests pp. 52 et 53
Exercices proposés de la partie « Ouvertures », p. 33.

4. Ouvertures

VOCABULAIRE THÉMATISÉ

Les transports publics : prendre le métro / circuler en métro.
Demander un renseignement : s'orienter dans une ville.
Au café : faire une commande.
L'argent français : acheter quelque chose.

LES TRANSPORTS PUBLICS, SE DÉPLACER / CIRCULER EN MÉTRO

Vocabulaire usuel

Voir déplacements en autobus / taxi : 1re émission.
Le voyageur, la rame de métro (le train), la voiture et non le wagon.
« La bouche » de métro.
Acheter / prendre un ticket, un carnet.
Voyager en 1re classe / en 2e classe ; mais voyager en première / seconde (classe).

Le mode de tarification : acheter un billet à tarif réduit / plein tarif.
Le titre de transport.
La receveuse vend les titres de transport.
La ligne/la station de métro, de R.E.R. (Réseau Express Régional).
Prendre la direction de... ; l'itinéraire (simple / compliqué).
La correspondance : changer à... / descendre à la prochaine station.
Se perdre : « Je me suis perdu ».
Le contrôleur, la barrière de contrôle automatique/lecteur de billets magnétiques.
Composter son ticket, la machine à composter.
Être en situation irrégulière, en infraction ; payer une amende.
Les portes antifraudes.
Prendre l'escalier mécanique, l'accès au quai.
Se tenir à la barre, être assis, céder sa place.

Quelques expressions

« Métro, boulot, dodo » (slogan résumant la situation du travailleur parisien habitant la banlieue / le
    banlieusard).
La R.A.T.P. : Réseau Autonome des Transports Parisiens.

DEMANDER UN RENSEIGNEMENT, S'ORIENTER DANS UNE VILLE

Vocabulaire usuel

Aller / continuer tout droit jusqu'à la gare / au troisième feu rouge.
Tourner ensuite à gauche.
Prendre la première à droite ; traverser la rue.
Aller jusqu'au croisement ; suivre la voie ferrée.
Passer devant l'église.
Être près / loin ; c'est à environ deux minutes à pied.
En face de / devant / derrière / à côté de.

Quelques expressions

« C'est au diable vauvert » : allusion au château de Vauvert (qui se trouve très loin).
« C'est à deux pas d'ici ! »
« Ce n'est pas la porte à côté ! »
« Ça fait une trotte ! » : chemin assez long à parcourir.

AU CAFÉ : PASSER UNE COMMANDE

Vocabulaire usuel

Le café / le bistrot / la brasserie.
Le garçon de café / le serveur.
Servir : « Qu'est-ce que je peux vous – / Qu'est-ce que je vous sers ? »
Prendre / boire un verre.
Un petit noir / un café expresso / un express / un petit jus.
Un demi, un petit blanc.
Prendre l'apéritif.
L'addition : « Je vous dois combien ? »
Payer l'addition / régler la note.

Quelques expressions familières

Prendre un pot / un verre.
Le loufiat : mot argotique pour garçon de café.
Le pousse-café : le verre d'alcool accompagnant le café (calvados ou cognac).
Une petite mousse : un verre de bière.
Un petit ballon : un verre de vin rouge (forme du verre).

L'ARGENT FRANÇAIS, ACHETER QUELQUE CHOSE

Vocabulaire usuel

Le commerçant / le marchand ; la boutique / le magasin (mot d'origine arabe).

Faire ses achats / ses courses.

Régler comptant, par chèque.

Faire un paquet : « C'est pour offrir ? »

Échanger, rembourser.

L'échoppe : exposer ses produits / articles.

Le prix : coûter (« Combien est-ce que ça coûte ? »).

Le promeneur, le touriste, le badaud, le chaland.

Cher : « Vous n'auriez pas quelque chose de moins chère ? »

Un article à un prix très raisonnable.

Rendre / faire la monnaie ; faire / avoir l'appoint (avoir exactement la somme due).

Marchander ; faire une (belle / bonne) affaire ; gagner le gros lot.

Quelques expressions

Acheter une bricole : un menu objet, un accessoire de peu de valeur.

Rendre à quelqu'un la monnaie de sa pièce : user de représailles envers lui.

Payer en monnaie de singe : récompenser par de belles paroles.

Quelques mots d'argot désignant l'argent :

– le blé : avoir du -

– l'oseille : avoir de l' -

– le fric (abréviation de fricot / ragoût) : être friqué.

VOCABULAIRE MENTIONNÉ DANS LES COMMENTAIRES D'IMAGES

Le métro, page 49

Comporter : inclure / comprendre.

La correspondance : le changement.

Le métro marche : il fonctionne.

Les heures de pointe, les heures creuses.

La carte « Sésame » : la carte passe-partout.

Sésame : Ali-Baba, héros d'un des Contes des Mille et une Nuits est un pauvre artisan de Perse auquel le hasard a fait découvrir le secret qui donne accès à la caverne habitée par 40 voleurs. Il suffit de prononcer ces mots : « Sésame, ouvre-toi ! » pour que la porte s'ouvre. Ali-Baba entre dans la grotte en l'absence des brigands et s'empare de leur trésor.

Un sésame : sert à désigner un moyen infaillible pour surmonter tous les obstacles.

Guimard Hector (1867-1942) : il imposa le style « Art Nouveau » dans l'architecture parisienne mêlant pierre de taille, brique, fer, céramique et créa un décor à dominante florale ou végétale aux formes courbes d'où le sobriquet « style nouille ».

Les Puces / la Foire du Trône, page 51

Verbe recevoir : reçoit.

Antiquaires : marchands d'objets d'arts anciens / une antiquité (un objet ancien).

Une buvette : petit local où l'on sert à boire.

Une attraction : entreprise de distraction populaire.

LE SAVIEZ-VOUS ?

Le Métro

Quelques chiffres :

La ligne n° 1 (Vincennes - Maillot) fut ouverte le 19.7.1900.

Longueur du réseau : 199 km.

Nombre de voitures : 3 500.

Nombre de stations nominales (avec un nom propre) : 293 sur 366.

Ligne la plus longue : Balard - Créteil : 22 km.
Ligne la plus courte : Gambetta - Porte des Lilas : 1,3 km.
Heure du 1er train : 5 h 30.
Heure du dernier train : 1 h 15.
Nombre de voyageurs/an : 1 197 millions.
Nombre d'employés : 8 350.
560 trains aux heures d'affluence.

Le marché aux Puces

À la fin du XIXe siècle, sur l'emplacement des anciennes fortifications, les chiffonniers / brocanteurs propo-
saient des objets d'occasions ou de rebut, des vieilleries ...
Superficie : plus de 30 ha, plus de 1 500 boutiques et 1 400 stands.

Quelques expressions

Mettre la puce à l'oreille : éveiller les soupçons de quelqu'un.
Secouer les puces à quelqu'un : le faire s'activer / le réprimander.
Brocanter : faire commerce d'objets anciens / chiner : chercher des occasions.
Le souk (mot d'origine arabe : « le marché ») : lieu où règne le désordre.

La Foire du Trône

C'était sur la place du Trône, devenue en 1899 la place de la Nation, que se tenait chaque année à
Pâques la célèbre Foire aux Pains d'épice, créée en 957 (les religieux de l'abbaye de St-Antoine obtin-
rent le droit de vendre pendant la Semaine Sainte un pain de seigle mêlé de seigle et d'anis, en souve-
nir de leur saint patron au désert de la Thébaïde). La forme du petit cochon rappelle le fidèle compa-
gnon de l'ermite.
La Foire du Trône fut transférée en 1965 au plateau de Reuilly, au bois de Vincennes (intégré dans les
limites de Paris en 1860).
La place du Trône doit son nom au trône que la ville de Paris avait fait élever en ce lieu pour l'entrée
solennelle de Louis XIV et de Marie-Thérèse d'Autriche le 26 août 1660.
Sous la Terreur la place s'appela la Place du Trône renversé.

PROPOSITIONS D'EXERCICES

Faire rendre la monnaie sur des achats fictifs : manipulation des chiffres.
Exploitation du plan de situation de la page 47 : faire aller d'un point à l'autre.
Utiliser le plan de métro de la page 49 : multiples possibilités d'exercices.
Exercice culturel : faire trouver les événements politiques majeurs qui ont marqué la vie des grands
hommes représentés sur les billets de banque.
Photographie de la page 51 :
– faire trouver 3 objets masculins, 3 objets féminins,
– faire citer un point commun à plusieurs objets.

ÉPISODE 5 / **LE TGV POUR LYON**

APPRENTISSAGE

OBJECTIFS LINGUISTIQUES	OBJECTIFS CULTURELS

Lexique : Vocabulaire thématique
      – les transports ferroviaires
      – les voyages
 	
Grammaire : Adjectifs démonstratifs
      Articles contractés
      Verbes : choisir, voir
      Les nombres à 3 - 4 chiffres
      Les questions : Combien ? Combien de ?
               À quelle heure ? Quel ?
 	
Actes de parole : Lire l'heure : avant midi
                    après midi
      Demander un renseignement à la gare
      Acheter un billet de train
	Les différentes gares de Paris
	Les grandes lignes du réseau ferroviaire français
	Le TGV
	
	Réservations
	Droits et devoirs du voyageur

SENSIBILISATION

GRAMMATICALE	LEXICALE
L'impératif Les pronoms « en » et « les » Pour + destination	Élargissement du vocabulaire thématique – le train – la gare – les points cardinaux

CONTENU DES SÉQUENCES VIDÉO   POUR EN SAVOIR PLUS

Prendre le train Adjectif démonstratifs	Le Musée d'Orsay Claude Monet La gastronomie à Lyon : quelques spécialités Court historique du train en France

1. Dialogues et savoir dire

a) Présentation de l'épisode

Les stagiaires prennent le TGV pour Lyon.

Présenter la gare de Lyon (photo p. 54). Situer cette gare sur un plan de métro.

Introduire le nouveau vocabulaire (gare, train, TGV, les quatre points cardinaux).

Situer Lyon (carte « Réseau SNCF » p. 62 et, si possible, photo de la ville). Mettre l'accent sur l'aspect « Gastronomie » et l'importance des voies de communication (autoroute, aéroport, fleuves, voies ferrées, TGV). Observer la carte « Lignes du TGV » p. 62 et photo p. 63.

Observer les images nos 1, 5, 7 :
Définir les lieux, les personnages, les actions.
Inciter les apprenants à se poser des questions, à formuler des hypothèses sur la destination et le but du voyage.

b) Visionnement intégral du film puis résumé rapide de ce qui a été compris.

c) Visionnement de la séquence fonctionnelle « **Acheter un billet** ».
Étudier la p. 58 du livre « Un billet s'il vous plaît ».
Observer le billet, la réservation et le tableau qui aident à déduire le nouveau vocabulaire du texte. Faire lire le dialogue.

Les nombres de trois et quatre chiffres
Consolider les acquisitions précédentes par jeux (loto ...) et exercices divers. Poursuivre ce travail avec les nombres à quatre chiffres. Expliquer l'orthographe de « cent » et « mille ». S'entraîner à rendre la monnaie sur une somme représentée par un nombre de quatre chiffres.
Exercice « Imaginez le dialogue » sous forme d'un jeu de rôle.
Poursuivre par l'étude de la partie n° 2, p. 59 « **Les horaires** ».
– « Observez »
– « Quelle heure est-il ? »
Consolider les notions acquises précédemment puis mettre en rapport les heures avant midi et après midi (désignation courante, désignation officielle).

d) Visionnement segmenté du film
Image n° 1
Le lieu et les personnages ayant été définis en phase a), poser aussitôt quelques questions de compréhension générale. Introduire « une vingtaine » et par extension « une dizaine, une douzaine, une centaine ».
Noter les formules de politesse et les vœux du directeur.

Images nos 2 à 4
Définir les lieux, les personnages, les actions.
Introduire le vocabulaire suivant : « l'agent SNCF, guichetier, client, demander et donner un renseignement, vendre et acheter un billet ».
Rappeler la conjugaison du verbe « vouloir » au conditionnel (abordée dans l'épisode n° 2).
Insister sur l'acte de parole « Le train pour ... part à quelle heure ? »
Couper le son et faire jouer les dialogues.

Images nos 5 à 7
Poser quelques questions de compréhension générale puis faire conjuguer les verbes « prendre » et « choisir » (n° 5 p. 60).
Relever et expliquer la formation et l'emploi des impératifs (Ramenez-moi, Attends, Entrez). Faire remarquer les terminaisons similaires à celles du présent.

Image n° 8
Relever la question « Combien ? » et introduire « Combien de + nom ».
Demander aux participants de construire quelques phrases utilisant ces questions.

Images nos 9 et 10
Faire des plans fixes sur l'expression des personnages et expliquer leur réaction.

Image n° 11
Couper le son et faire dialoguer deux participants sur cette scène. Rétablir le son.

Image n° 12
Relever le verbe « voir » au passé composé. Indiquer l'infinitif. Nommer le temps puis conjuguer ce verbe au présent (n° 5 p. 60).

e) Écoute de la cassette audio puis lecture dialoguée.
(Au cours de cette phase, relever et expliquer la nature et l'emploi des pronoms « les » et « en », image n° 9).

f) Exercices de compréhension pp. 38-39-40 du cahier d'exercices.

g) Visionnement de la séquence grammaticale « **Les adjectifs démonstratifs** » puis étude de la partie correspondante sur le livre p. 60 n° 4.

Insister sur l'emploi de « cet » devant une voyelle ou un « h » muet. Faire l'exercice du livre.
Mise en situation : Faire imaginer de brefs dialogues en réutilisant les adjectifs démonstratifs avec le vocabulaire du matériel scolaire par exemple (livre, cahier, stylo ...).
Relever les adjectifs démonstratifs du texte.

Livre p. 59 n° 3 : « **Les articles contractés** ».
Faire déduire le tableau à partir de l'observation des plaques et panneaux indicateurs.

h) Terminer par la lecture d'un **plan horaire SNCF** et exercices correspondants, p. 59.
Consolider le lexique des jours de la semaine puis introduire celui des mois.

i) **Exercices structuraux** pp. 40-41-42 du cahier d'exercices.

j) Dernier **visionnement intégral** avec arrêts vidéo et reconstitution de certains actes de parole.

2. Savoir vivre

a) Réservations
Ce texte court ne présente pas de difficultés.
Expliquer la raison pour laquelle on doit réserver (moyen de contrôle du nombre de voyageurs).

b) Réductions
Lecture des textes.
Poser quelques questions de compréhension dans le but de faire réutiliser les chiffres, heures et jours de la semaine.

c) Les incidents de parcours
Observation des dessins qui induisent les situations.
Lire le texte (sans difficultés particulières).
Proposer des jeux de rôle en rapport avec les situations abordées p. 61.

d) Lecture des cartes p. 62.

e) La gare St-Lazare à l'époque de Monet.
Procéder éventuellement à une approche des couleurs ...

3. Faisons le point

Tests pp. 64, 65.
Exercices proposés de la partie « Ouvertures » p. 38.

4. Ouvertures

VOCABULAIRE THÉMATISÉ

Les transports publics : la S.N.C.F. / le T.G.V.
À la gare : acheter un billet de train.
La gastronomie lyonnaise.

LES TRANSPORTS PUBLICS : SE DÉPLACER / CIRCULER EN TRAIN

Voir déplacements en autobus / taxi : 1re émission.
Voir déplacements en métro : 4e émission.

Vocabulaire usuel
L'agent S.N.C.F. : l'employé - / le guichetier / le contrôleur.
Voyager par le train.
Les horaires : le tableau des horaires.

Le Chaix : indicateur des chemins de fer, consulter le Chaix.
L'accès aux quais est interdit aux personnes non munies de billet.
Mettre / déposer ses bagages à la consigne.
Prendre le train de 6 h 50 / le train pour Lyon part à … heures.
Être en tête de train, en queue de train.
Se dépêcher / se presser.
Avoir, rater / manquer son train.
Accompagner quelqu'un à la gare.
Dire au revoir / souhaiter bon voyage.
Changer de train / prendre une correspondance.
Compostage automatique des billets.

Quelques expressions

Prendre le train en marche : s'associer à une entreprise déjà commencée.
Comme une vache regarde passer un train : avec un air abruti.
La S.N.C.F. : la Société Nationale des Chemins de Fer français.

VOCABULAIRE MENTIONNÉ DANS LES COMMENTAIRES D'IMAGES

Page 61

Réserver sa place à l'avance.
Obligatoire, facultatif.
Juste avant de …
La réduction / le tarif réduit.
Circuler dans un pays / sur les lignes de chemins de fer.
Parcourir un pays : le parcours / le trajet.
Payer un supplément.
Avoir un délai de …
Rembourser / le remboursement.
Échanger quelque chose contre …
L'incident : petite difficulté imprévue.
Le voyage s'est passé sans incident.
Utiliser son billet.
Réductions : la tarification tricolore.
La S.N.C.F. a créé une large gamme de réductions, applicables selon les dates de voyage, en fonction
    d'un calendrier tricolore :
    – période bleue : jour de trafic ordinaire, toutes les réductions sont possibles.
    – période blanche : il y a quelques restrictions.
    – période rouge : jour de grands départs, toutes les réductions sont supprimées.

LE SAVIEZ-VOUS ?

La S.N.C.F.

Elle a été créée le 31 août 1937 par la fusion des 5 grandes compagnies privées de l'époque et des 2
    réseaux gérés directement par l'État.
Quelques chiffres :
    35 000 km de lignes.
    210 816 salariés en 1988.
    49,6 milliards de francs de chiffre d'affaires.
    Nombre de voyageurs / par jour :
    • Paris et banlieue : 1 363 000.
    • autres : 850 000.
    Nombre de voitures : 15 000.
    Nombre de wagons : 173 000.
    Nombre d'engins moteurs : 7 378.
    Nombre de ponts et viaducs : 39 600.
    Nombre de tunnels : 1 400.
    184 millions de tonnes de marchandises.

T.G.V. / Paris-Lyon (gare : La Part-Dieu)

Début des travaux : 1976.

La ligne est jalonnée de 500 ouvrages d'art.

Paris n'est plus qu'à 2 heures de Lyon (6 h 56 en 1914).

Vitesse commerciale : 270 km/h.

Cadence : 1 train toutes les 4 minutes / 17 km séparent 2 rames.

20 T.G.V. desservent Lyon chaque jour.

Nombre de voyageurs sur le réseau Sud-Est : 16,4 millions en 1985.

Les 6 grandes gares parisiennes / zones géographiques de desserte (carte page 62).

La Gare Saint-Lazare : chaque jour 380 000 voyageurs / 1 096 trains par jour.

La Gare du Nord : 319 000 voyageurs.

La Gare de l'Est : 167 000 voyageurs.

La Gare de Lyon, gare la plus grande de France (11 ha ; 6 250 m de quais).

La Gare d'Austerlitz : 202 000 voyageurs.

La Gare Montparnasse : accueillera 60 millions de voyageurs en 1995.

Les impressionnistes / Claude Monet (1840-1926)

Le nom « impressionnisme » vient du tableau de Monet « Impression soleil levant » (1872), exposé chez Nadar en 1874. Donne à la lumière une importance nouvelle en juxtaposant des touches colorées qui semblent être des rayons lumineux.

La Gare Saint-Lazare : en suggérant les formes par quelques taches de couleur, Monet finit par détruire la notion académique de forme. Les formes se désintègrent en masses de couleurs intenses jusqu'à atteindre la non-figuration.

Le Musée d'Orsay

La façade de l'ancienne gare d'Orsay est caractéristique de l'architecture métallique de la fin du 19e siècle. Elle a été construite en 1898 par Laloux. Sauvée de la destruction en 1977, elle accueille depuis 1985 le musée du XIXe siècle.

La gastronomie lyonnaise

LYON :

Altitude : 225 m ; population intra-muros : 418 473 h (agglomération : 1 120 863 h en 1987 ; 3e ville de France ; au confluent du Rhône et de la Saône à 510 km de Paris).

Tradition commerciale et industrielle / chimique (colorants, industrie de la soie / tissage).

Gastronomie : Lyon est entourée par des produits de qualité (la Bresse et ses volailles ; les viandes du Charolais ; les fromages du Limousin ; les vins du Beaujolais, des Côtes-du-Rhône) d'où l'émergence de rites alimentaires. Ce furent les « mères » (travaillant aux fourneaux pendant que l'homme trônait au bar) et les « bouchons », version améliorée du bistrot français. Pourquoi les bouchons ? Au départ il s'agissant d'auberges-relais qui avaient choisi pour enseigne une gerbe de paille pour signaler ainsi qu'on bouchonnait les chevaux. On rassasiait aussi le cavalier, car le bouchon était aussi le casse-croûte du milieu de la matinée.

Quelques spécialités : andouillette au fleurie, carpes farcies, cervelle de Canut, grattons, poulet aux morilles, quenelles sauce Nantua, rosette et saucisson de Lyon, tripes à la lyonnaise...

Paul Bocuse : l'un des plus célèbres cuisiniers de France (« le plus toqué »), possède un restaurant près de Lyon, à Collonges-au-Mont-d'Or.

Saint-Marcellin : bourg de l'Isère – fromage de Savoie à pâte molle fait de lait de vache parfois additionné de lait de chèvre, dont la croûte est moisie. En général de forme ronde.

PROPOSITIONS D'EXERCICES

Faire trouver quelques noms typiques d'hôtels ou de cafés / restaurants situés à proximité des gares : Hôtel des Voyageurs, Restaurant du Terminus, Café de la Station, Hôtel de la Gare ...

Exercice de description / décodage des pictogrammes traditionnels d'une gare (voir document page suivante).

Exercice sur temps exigé pour aller de Paris à ... (voir cartes page 62).

POUR VOUS ORIENTER PLUS FACILEMENT

Vous trouverez partout des symboles ou "pictogrammes"
adoptés par la plupart des réseaux ferroviaires.
Voici les modèles les plus utilisés.

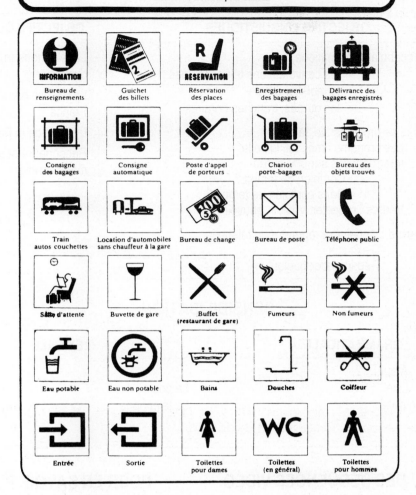

Bureau de renseignements	Guichet des billets	Réservation des places	Enregistrement des bagages	Délivrance des bagages enregistrés
Consigne des bagages	Consigne automatique	Poste d'appel de porteurs	Chariot porte-bagages	Bureau des objets trouvés
Train autos couchettes	Location d'automobiles sans chauffeur à la gare	Bureau de change	Bureau de poste	Téléphone public
Salle d'attente	Buvette de gare	Buffet (restaurant de gare)	Fumeurs	Non fumeurs
Eau potable	Eau non potable	Bains	Douches	Coiffeur
Entrée	Sortie	Toilettes pour dames	Toilettes (en général)	Toilettes pour hommes

ÉPISODE 6 / **TÉLÉPHONEZ-MOI**

APPRENTISSAGE

OBJECTIFS LINGUISTIQUES	OBJECTIFS CULTURELS

Lexique : Vocabulaire thématique
      – les conversations téléphoniques
      – le mobilier urbain
      – les durées, tranches horaires
 	
Grammaire : Les pronoms : le, la, les
      Les pronoms : moi, toi, lui, elle
      Interrogations sur une durée :
            Combien de temps ?
            Dans combien de temps ?
      Verbes : rappeler, vouloir, pouvoir
 	
Actes de parole : Appeler et répondre au téléphone
           S'excuser
           Réprimander quelqu'un
	Le téléphone (mode d'emploi)
	
	La Bastille dans l'histoire de France
	
	L'Opéra de la Bastille
	
	Reconnaître et utiliser le mobilier urbain.

SENSIBILISATION

GRAMMATICALE	LEXICALE
Questions À qui ... ? Que ... ? Le passé composé L'impératif	La poste Le téléphone

CONTENU DES SÉQUENCES VIDÉO   POUR EN SAVOIR PLUS

Téléphoner	Charles V Les révolutions de 1789 et de 1830 La Ligue Française contre le Cancer

1. Dialogues et savoir dire

a) Présentation de l'épisode

Montrer, si possible, une véritable télécarte et interroger les participants sur son utilisation.

Faire observer l'image gauche p. 67 et présenter le nouveau vocabulaire (télécarte, téléphone, cabine téléphonique, téléphoner à quelqu'un).

Introduire la question « À qui ? » (Vincent téléphone à qui ?) et proposer un court exercice de substitution afin de consolider la construction indirecte du verbe « téléphoner » et l'emploi des articles contractés (Vincent téléphone à M. Dupuis / au directeur ; à Pierre et à Françoise / aux stagiaires).

Au cours de cet exercice, les participants émettent des hypothèses qu'ils vérifient ensuite, pendant le visionnement.

b) Visionnement de la première partie (p. 67).

Définir les lieux, les personnages (en introduisant le nouveau vocabulaire « standardiste, secrétaire »), la situation.

Poser quelques questions de compréhension générale.

c) Exploiter ensuite la partie « **Téléphoner** » du livre p. 70 n° 1.

1re partie « Observez »

Lire le texte puis expliquer le vocabulaire (appareil – quitter – plus tard – message).

Rappeler la conjugaison du verbe « vouloir » au conditionnel (abordée dans l'épisode n° 2) en la notant au tableau et insister sur la construction « vouloir + infinitif ».

Expliquer le rôle du préfixe « r » dans « rappeler » et faire conjuguer ce verbe, par analogie avec le verbe « s'appeler » (n° 5 p. 72).

Expliquer l'impératif à la forme négative « Ne quittez pas ».

Faire jouer ces situations à l'aide du texte ; les participants se téléphonent en déclinant leur véritable identité.

2e partie « Apprenez »

Expliquer le vocabulaire (de la part de – se tromper – entendre mal – parler plus fort).

Pour jouer ces situations, les participants épellent leur nom en utilisant la liste officielle des PTT. Ces jeux de rôle permettent une révision de l'alphabet et des formules de présentation.

d) Visionnement intégral du film avec reprise de la première partie puis commentaires rapides.

e) Visionnement segmenté du film

Images 1 à 4 :

Faire reconstituer les dialogues (cette partie ayant déjà été vue deux fois et les actes de parole ayant été étudiés dans la phase c).

Images 5 et 6 :

Décrire l'attitude de Vincent (pressé, impatient, énervé) et la réaction de l'homme.

Expliquer « être en retard » puis la formation et l'emploi des deux impératifs « Dépêchez-vous », « Soyez poli ».

Images 7 et 8 :

Faire reconstituer les dialogues (Après l'étude de la p. 70, les apprenants connaissent les principaux actes de parole).

Rétablir le son et confronter aux hypothèses.

Noter au tableau la conjugaison du verbe « entendre ».

Relever la formule d'excuse de la secrétaire puis l'emploi du pronom disjoint comme forme d'instance (lui aussi).

Images 9 et 10 :

Définir les lieux, la situation.

Commenter la réaction des deux hommes, leur rapport conflictuel. Demander aux participants ce qu'ils pensent de l'attitude de M. Pasquier. Est-il sympathique ?

Images 11 et 12 :

Définir le lieu, les personnages.

Faire trouver une autre forme pour la question « Que désirez-vous ? » →« Qu'est-ce que vous désirez ? ». Analyser les structures différentes puis remplacer « désirer » par « vouloir » et reformuler la question.

Expliquer succinctement la formation et l'emploi du passé composé dans « J'ai téléphoné », « Vous avez téléphoné ».

Image 13 :

Observer et commenter la réaction des personnages, l'expression des visages.

Imaginer une suite au dialogue (Vincent proteste …).

Inviter les participants à exprimer ce qu'ils pensent de l'attitude de M. Pasquier …

f) Écoute de la cassette audio puis lecture dialoguée en faisant établir la relation avec les images.

g) Exercices de compréhension pp. 46-47-48 du livret d'exercices.

h) Étude de la partie grammaticale :

n° 2, p. 71 : **Les pronoms compléments objets directs** « le, la, les ».
Reprendre la phrase de Vincent p. 67 : « D'accord, je <u>le</u> rappelle ». Identifier « le » (M. Pasquier) puis proposer un exercice de substitution afin de déduire le tableau du n° 2 p. 71.

n° 3 p. 71 : **Les pronoms disjoints** « moi, toi, lui, elle ».
Rappeler leur emploi après préposition ou en forme d'insistance. Noter leur utilisation également après « c'est » (Vincent, c'est lui).

n° 4 p. 72 : « **Dans un quart d'heure** ».
Rappeler la phrase de Vincent p. 68 « J'arrive dans un quart d'heure ». La question « Combien de temps » ayant déjà été introduite dans l'exercice p. 62, on pourra faire trouver celle qui correspond à la phrase de Vincent. Faire les exercices proposés dans le livre ; les expressions « un quart d'heure » et « une demi-heure » sont compréhensibles, par analogie, à « ... h et quart », « ... h et demie » étudiées dans les émissions précédentes.
Terminer par la conjugaison du verbe pouvoir (n° 5 p. 72) déjà connu.

i) Consolider les acquisitions par les **exercices structuraux** pp. 48-49 du cahier d'exercices.

j) **Reconstituer l'histoire** en commentant les images et en réintroduisant les actes de parole essentiels.

k) Visionnement de la longue **séquence fonctionnelle** qui reprend, en l'enrichissant, la partie « **Téléphoner** » du n° 1 p. 70 et qui introduit les documents du « Savoir vivre » p. 73.

2. Savoir vivre

a) Le téléphone
Présenter, si possible, deux types d'annuaires français (annuaire des particuliers, annuaire des professions).
Faire quelques exercices de repérage.
Lire les textes et commenter en expliquant le nouveau vocabulaire.
Faire répéter les différents modes d'emploi en faisant décomposer et mimer les actions.
Exercices du livre p. 73.

b) La Bastille (texte assez difficile)
Situer la place de la Bastille sur un plan de Paris puis observer la reproduction p. 74.
Lire le texte, faire dégager les noms propres et les dates.
Situer les différents événements sur une frise chronologique au fur et à mesure des explications.

c) L'Opéra
Montrer, si possible, des documents photographiques.
Faire lire le texte après avoir expliqué « bicentenaire ».

d) Le mobilier urbain
Expliquer ces deux termes en prenant appui sur les photos.
Lire le texte et, en s'appuyant sur les chiffres et les photos, expliquer les termes nouveaux.
Poser des questions de compréhension générale.

Solliciter les réactions des élèves :
Faire comparer avec les installations de leur propre pays.
Que pensent-ils de ce mobilier urbain ?
Jugent-ils ce mobilier fonctionnel, esthétique ?

3. Faisons le point

Tests pp. 76, 77.
Exercices proposés de la partie « Ouvertures » p. 44.

4. Ouvertures

VOCABULAIRE THÉMATISÉ

Le téléphone / la télécarte.
Fixer un rendez-vous par téléphone.
Le mobilier urbain.

LE TÉLÉPHONE

L'appareil / le combiné (reposer le combiné sur son support).
Le combiné réunit écouteur et microphone.
« Vous avez le téléphone ? »
« Je vais vous indiquer mon numéro de téléphone ».
Appeler : passer un coup de fil (familier) d'une cabine téléphonique.
Le téléphone sonne (libre / occupé).
Acheter un jeton ; composer un numéro / faire un numéro.
La communication téléphonique (intra-muros / urbaine ; extra-muros / extérieure).
« Passez-moi le standard / la standardiste ».
Couper : nous avons été coupés.
Dans un restaurant / hôtel : « Demandez votre communication à la standardiste ».
Passer quelqu'un à quelqu'un : « Je vous passe Madame Stetten ».
Raccrocher : « Ne raccrochez pas ; Restez en ligne ».
Entendre : « Je vous entends très mal ! », « Il y a de la friture ».
Quitter : « Ne quittez pas ».
Laisser un message.
Le répondeur automatique / laisser un message sur le répondeur.
L'annuaire des téléphones / le bottin (du nom de son créateur) / être (ne pas être) dans le bottin.
Être sur la liste rouge : on refuse à figurer dans le bottin.

FIXER UN RENDEZ-VOUS PAR TÉLÉPHONE
(se reporter à la page 70)

Identification

« Qui est à l'appareil ? / Vous pouvez me donner votre nom ? »
« Qui demandez-vous ? / À qui voulez-vous parler ? »
« Quel numéro avez-vous fait ? »
« Vous êtes Madame ... »

Recherche de l'interlocuteur

« Je voudrais parler à Mademoiselle ... »
« Est-ce que vous pouvez me passer M. ... ? »
« La personne responsable des réservations / Le service des réservations, s'il vous plaît ? »

Réponses possibles

« Ça sonne occupé / C'est occupé / La ligne est occupée ; M. ... est déjà en ligne ».
« Veuillez patienter » / « Vous voulez rappeler plus tard ? »
« Ça sonne libre, mais personne ne répond / ne décroche ».
« Ça ne répond pas ; votre correspondant a dû sortir / s'absenter ".
« M. ... est en rendez-vous / réunion ; laissez-moi votre nom, il vous rappellera ».
« Son téléphone est en dérangement ».
« Vous avez fait un mauvais numéro / Vous vous êtes trompé de numéro ».

Quelques expressions

Bigophoner : familier pour téléphone (donner un coup de bigophone) / « on se bigophone ».
Passer son temps au téléphone.
Téléphone arabe : transmission rapide des informations par des relais de messagers.
« C'est téléphoné ! » : c'est cousu de fil blanc.
Se mettre aux abonnés absents : se replier sur soi-même / refuser de répondre.

VOCABULAIRE MENTIONNÉ DANS LES COMMENTAIRES D'IMAGES

Page 67

Le / la buraliste : personne qui tient un bureau de tabac.

Un passant : un promeneur.

Le standard (mot d'origine anglaise) : dispositif permettant de brancher les postes intérieurs sur le réseau urbain ou de les mettre en communication entre eux.

La / le secrétaire / standardiste.

Page 68

Être poli / la politesse.

Page 71

L'ampoule est grillée / hors d'usage.

Page 74

Servir de : être utilisé comme.

La prison : endroit où l'on enferme les condamnés.

Démolir : détruire.

Dédier : consacrer.

Inaugurer un monument : le livrer au public.

LE SAVIEZ-VOUS ?

Le téléphone en France

C'est en 1864 qu'un Français, Charles Bourseul, découvrit les principes du téléphone mis au point par la suite par l'américain Graham Bell (1847-1922).

Quelques chiffres :

Chiffre d'affaires des Télécommunications : 94,5 milliards de F ;

7e entreprise française.

Nombre de cabines : 226 000 dont 33 000 utilisent des cartes.

Taux d'équipement des ménages : 96 % en 1988.

Trafic téléphonique : 87,6 milliards d'unités.

Horloge parlante : 400 000 appels par jour.

Nombre d'employés : 159 100.

Nombre de répondeurs téléphoniques : 625 000 (en 1985).

La télécarte : utilisable dans les publiphones à cartes.

Le numéro vert : la communication est payée par l'abonné demandé dans le cadre d'une demande de renseignement à caractère commercial.

Renseignements : gratuits à partir d'une cabine téléphonique publique, sinon 5 unités.

La communication à partir d'un café / restaurant ... coûte 1 F par impulsion (arrêté n° 83-73 du 8-12/83).

La Bastille

Forteresse érigée sous Charles V en 1382 pour défendre Paris, elle servit très rapidement de prison (d'où le terme « embastiller »). Elle était défendue en 1789 par des Gardes suisses et ne renfermait que 7 détenus.

Origine du terme : altération de « bastide », ouvrage de fortification.

Expression : abattre des bastilles / des symboles.

Charles V « le Sage » (1338-1380) : roi de 1364 à 1380.

La Colonne de Juillet

(voir page 66)

Élevée de 1831 à 1840 à la mémoire des Parisiens tués lors des journées de juillet 1830. Leurs corps et ceux des victimes de 1848 sont enterrés dans les soubassements et leurs noms gravés sur le fût de la colonne.

Description :

Elle comprend 3 soubassements : le 1er avançant dans la vasque de la fontaine de l'Éléphant, le 2e à 3,80 m de hauteur de 17 m de diamètre ; le 3e en rectangle à 2,70 m de hauteur et 8,50 m de large.

Le piédestal, rectangulaire en bronze, 7 m de hauteur (décoration : le Lion de Juillet).

Le fût dont la base a 16 m de circonférence, est composé de 21 tambours en bronze.

Le chapiteau est en bronze (hauteur : 2,80 m ; poids : 11 tonnes).

La lanterne (hauteur : 6,50 m) est surmontée d'une sphère de 1,50 m de diamètre surmontée par la statue en bronze doré, sculptée par Dumont, représentant le « Génie de la Liberté », qui culmine à 52 m au-dessus du sol.

Poids total de la colonne : 179 tonnes.

Escalier intérieur de la colonne : 140 marches.

Épisode des « Trois Glorieuses » : journées des 27, 28 et 29 juillet 1830 qui renversent le roi Charles X au profit de Louis-Philippe qui devient « roi des Français ».

Journées de février 1848 : chute de Louis-Philippe / proclamation de la IIe République.

Le mobilier urbain (les édicules)

Vocabulaire :

La poubelle (du nom du préfet de la Seine qui l'imposa aux Parisiens en 1884).

La collecte sélective du verre : de collecter / la collection.

Fabriquer : la fabrication.

Le container pour la récupération du verre.

À Paris, en 1984 : 7 703 tonnes de verre ont été ainsi récupérées.

Les colonnes Morris : édicule de forme cylindrique où sont placardées les affiches annonçant les spectacles (du nom du premier concessionnaire : l'imprimeur Morris).

Des toilettes modernes appelées « sanisettes » ont remplacé les « vespasiennes » et « pissotières » (édifice public où les hommes vont uriner).

Vespasienne : nom donné aux édicules créés par le préfet Rambuteau en 1834 d'après l'empereur Vespasien qui avait introduit à Rome les urinoirs publics.

La ville de Paris songe à généraliser les « vespachiennes » pour recueillir les déjections des chiens ... (au nombre de 500 000 à Paris – 20 tonnes de déjections/jour). Elle utilise des caninettes (moto-benne-balayeuse-ramasseuse) qui râtissent 2 500 km de trottoirs. Le nettoyage des déjections canines coûte à la ville de Paris : 34,9 millions de F.

Les flèches d'orientation géographique fabriquées par la société J.C. Decaux.

Quelques chiffres sur Paris

Ordures ménagères : 3 000 tonnes / jour (soit 1,2 kg / habitant).

Ramassage des feuilles mortes : 12 000 m^3 chaque année.

Volume d'eau usée épurée par jour : 2 350 000 m^3.

PROPOSITIONS D'EXERCICES

Faire épeler les noms de famille des élèves en s'aidant de la liste officielle des P.T.T.

Jeu de rôles : simuler des situations de communication téléphonique (réutiliser les situations des émissions précédentes).

ÉPISODE 7 / **INVITATION**

APPRENTISSAGE

OBJECTIFS LINGUISTIQUES	OBJECTIFS CULTURELS

Lexique : Vocabulaire thématique
    – la famille
    – le logement
    – les animaux familiers
 	
Grammaire : Les pronoms personnels : nous, on, ils, elles
    Les adjectifs possessifs : 1re personne du singulier
    Les pronoms démonstratifs
 	
Actes de parole : Inviter quelqu'un
    Offrir une consommation
    Appeler un taxi
    Demander / indiquer un prix
	Inviter et être invité
	
	Les habitations en France
	
	Architecture moderne :
	Le Corbusier
	
	Les animaux familiers

SENSIBILISATION

GRAMMATICALE	LEXICALE
Les adjectifs possessifs : 3e personne du singulier L'interrogatif « quel » Le passé composé Verbe : préférer	Les repères de temps Les couleurs La terminologie des repas

CONTENU DES SÉQUENCES VIDÉO   POUR EN SAVOIR PLUS

CONTENU DES SÉQUENCES VIDÉO	POUR EN SAVOIR PLUS
Invitation à déjeuner Pronoms personnels : on, nous Adjectifs possessifs : mon, ma, mes Pronoms démonstratifs : celui, celle	Les animaux domestiques en France L'habitat : quelques notions générales

1. Dialogues et savoir dire

a) Présentation de l'épisode

Le chef du personnel, M. Dupuis, invite les stagiaires.
Introduire le vocabulaire : inviter, inviter quelqu'un <u>à</u> faire quelque chose, une invitation.

b) Visionnement segmenté du film

Image n° 1 :
Définir le lieu, les personnages, l'invitation.
M. Dupuis invite les stagiaires :
– à quoi faire ?
– quand ? Situation sur une frise chronologique (hier – aujourd'hui – demain) et révision simultanée des
       jours de la semaine.

– Où ? (à Fontenay-sous-Bois, <u>chez lui</u>).

Emploi d'une préposition suivie d'un pronom disjoint (rappel des épisodes n° 2 et n° 6).

Exercice de substitution du type :

chez ⟨ M. Dupuis / lui

chez ⟨ Mme Dupuis / elle

chez toi – chez moi.

Relever l'utilisation équivalente de « nous » et « on ».

Image n° 2 :

Reconstituer au tableau les liens de parenté en introduisant le vocabulaire suivant : « mari – femme – père – mère – parents – fils – fille – enfants ».

Étudier ensuite sur le livre la partie n° 5 p. 84 « la famille ».

Image n° 3 :

Définir les actions.

Noter au tableau la phrase de Mme Dupuis : « Elles sont superbes ».

Faire justifier l'orthographe de l'adjectif et rappeler la règle d'accord de l'adjectif qualificatif (Épisode n° 2).

Exercice de substitution : faire remplacer « les fleurs » par « cette rose » / « ce cadeau » / « ces chocolats » et noter les changements intervenus.

Image n° 4 :

Noter la question de M. Dupuis au tableau : « Vous n'avez pas de cigarettes ? ». Expliquer « pas de » (Rappel du test p. 29 n° 5 2e partie).

Images nos 5 à 8 :

Définir les lieux, les actions.

Insister sur les présentatifs « c'est », « voilà ».

Définir la couleur de la perruche. Introduire quelques termes de couleur en se référant à la palette du tableau p. 95.

Introduire le verbe « s'envoler ».

Arrêt du visionnement :

La situation s'y prêtant, on proposera ici une phase d'anticipation en faisant imaginer la suite des événements.

Images nos 9 et 10 :

Reprendre le visionnement puis imaginer ce que Vincent va faire réellement.

Image n° 11 :

Définir le lieu, les personnages, l'intention de Vincent, l'action.

Noter les pronoms démonstratifs et faire rechercher leur équivalence (celui-ci, celle-ci / cet oiseau, cette cage).

Image n° 12 :

Définir l'action et le but de Vincent.

Faire un plan fixe sur l'oiseau. Le faire décrire.

Faire anticiper la réaction de la famille à la découverte de ce nouvel oiseau.

Images nos 13 et 14 :

Définir la réaction des enfants, des stagiaires.

On pourra faire imaginer une suite au dialogue …

c) Exercices de compréhension pp. 54-55-56 du livret d'exercices.

d) Visionnement des séquences fonctionnelle « **L'invitation** » et grammaticales.

Étudier les paragraphes correspondants du livre :

– n° 1 p. 82 : **Les pronoms personnels « nous, on ».**

Relever la correspondance « sujet, terminaison du verbe ».

Noter les terminaisons identiques avec « il, elle, on ».
Faire rechercher des phrases avec « être, avoir, habiter » en utilisant « on » puis « nous ».
Faire les exercices du livre.

– n° 2 p. 82 : **Les pronoms personnels « ils, elles ».**
Relever dans les phrases la correspondance « sujet, terminaison du verbe ».
Préciser les règles de substitution des pronoms :
Masculin singulier + féminin singulier → masculin pluriel
Masculin singulier + féminin pluriel → masculin pluriel.
Faire les exercices du livre.

– n° 3 p. 83 : **Les adjectifs possessifs** 1re personne du singulier.
Mentionner l'utilisation de « mon » devant un nom féminin commençant par une voyelle ou un « h » muet.
Compléter le tableau présenté par les adjectifs possessifs 3e personne du singulier (M. Dupuis présente **sa** femme, **ses** enfants, **son** fils, **sa** fille).
Exercices du livre.

– n° 4 p. 84 : **Les pronoms démonstratifs.**
Rappeler la partie n° 11 p. 81 puis passer à la phase « Observez » en insistant sur la correspondance « pronom démonstratif / adjectif démonstratif + nom ».
Introduire « celui-là ».
Reprendre l'interrogatif « quel » mentionné dans la vidéo grammaticale en expliquant l'accord.
Au cours de l'exercice, faire réemployer « quel » en introduisant le verbe « préférer » : « Quel oiseau pré-férez-vous ? ».

e) Visionnement intégral du film.

f) Écoute de la cassette audio puis lecture dialoguée.
Au cours de cette phase, insister sur les actes de parole suivants :
– Offrir une consommation
– Appeler un taxi
– Demander, indiquer un prix.
À noter encore :
– La construction « aller au présent + infinitif » pour exprimer une intention. (Je vais acheter des cigarettes).
– L'emploi du passé composé (J'ai oublié).
– L'emploi du pronom disjoint après le présentatif « c'est ».

g) Visionnement sans son des parties 1 à 5, 11 et 14 avec reconstitution des dialogues.

h) Exercices structuraux pp. 56-57 du cahier d'exercices.

2. Savoir vivre

a) Vous déjeunez avec nous ?

Placer les participants en situation : Qu'apportent-ils quand ils sont invités chez un ami ou chez une personne qu'ils ne connaissent pas bien ?
Comparer les réponses aux coutumes françaises représentées p. 85 (Les dessins favorisent la compréhension).
Lire puis faire lire les textes.
Expliquer le vocabulaire en insistant sur le « si » de la condition et la structure « faire + infinitif ».
Établir le tableau suivant :

Moment de la journée	Repas	Action correspondante
le matin	le petit déjeuner	prendre le petit déjeuner
à midi	le déjeuner	déjeuner
le soir	le dîner	dîner

b) Cartes d'invitation

Lire.

Relever le verbe « être » au conditionnel et donner sa conjugaison complète au tableau.

Noter les styles différents des cartes. « L'usage de la carte d'invitation est-il couramment pratiqué chez vous ? »

Faire rédiger de courtes réponses aux invitations.

c) Où habitez-vous ?

Lecture silencieuse. Trouver les éléments repères « chiffres, mots déjà connus ».

Faire appel aux photos pour expliquer le vocabulaire.

Questions de compréhension générale.

d) Le Corbusier

Présenter, si possible, quelques photos des réalisations de l'architecte.

Utiliser les photos du livre pour expliquer certains termes.

Demander aux participants ce qu'ils pensent de ce type d'architecture.

e) Les animaux familiers

Observer les photos puis lire le texte en faisant dégager les éléments repères.

Modifier la structure de certaines phrases afin d'en faciliter la compréhension.

3. Faisons le point

Tests p. 88, 89.

Proposer une dictée synthèse des acquisitions lexicales et grammaticales de la leçon.

Exercices proposés de la partie « Ouvertures » p. 51.

4. Ouvertures

VOCABULAIRE THÉMATISÉ

Faire / accepter une invitation.

Commander un taxi (voir émission 1).

Faire un achat (voir émission 4).

L'INVITATION

Vocabulaire usuel

Inviter / convier quelqu'un à dîner / à un mariage / à un repas / au restaurant.

Refuser / décliner une invitation.

Envoyer une carte / lettre d'invitation.

Le convive / l'hôte : « Vous êtes mon invité ».

Confirmer une invitation.

« Venez donc à la maison demain soir ! Tenue décontractée bien sûr ».

« Il faut que vous veniez dîner à la maison ! / -- que nous dînions ensemble un jour ! ».

« Laissez-moi vous inviter ! Ça me fait plaisir ».

« Tu es libre ce soir ? Alors, je t'invite ».

« Qu'est-ce que tu fais ce soir ? »

« Venez donc prendre l'apéritif à la maison samedi soir ! »

Quelques rituels langagiers

« Permettez-moi de vous présenter ... ».

« Puis-je vous faire visiter la maison ? »

« Mettez-vous à l'aise » (retirez votre manteau).

« Je vous en prie, faites comme chez vous / ne vous gênez pas ».
« Entrez donc dans le salon ».
« Installez-vous / Prenez place / Asseyez-vous ».
« Servez-vous ».
« Je me suis permis de vous amener quelque chose ».
« Il ne fallait pas ... c'est trop gentil ... quelle charmante attention ... ».
« C'est la moindre des choses ... ce n'est rien ... ça me fait plaisir ... ».

Quelques expressions

S'inviter : le pique-assiette (celui qui se fait partout inviter).
Régaler (familier) : « C'est moi qui régale / C'est moi qui paye ».
L'amphitryon : l'hôte qui offre à dîner (niveau soutenu).
Se faire une petite bouffe : prendre un repas non formel.
« Pas de chichi entre nous » : pas de cérémonial.
Mettre les petits plats dans les grands : se donner de la peine.

Quelques réponses traditionnelles à une invitation

« Mais avec grand plaisir » / « Nous acceptons avec plaisir ».
« C'est d'accord ».
« Parfait, entendu ».
« À partir de quelle heure ? »
« Nous sommes ravis, c'est très gentil à vous ».
« Je suis désolé(e), j'ai déjà prévu quelque chose de longue date ».
« Je suis navré(e), je suis déjà invité(e) par des amis ».
« Ce n'est pas grave, nous remettrons l'invitation à plus tard ».

VOCABULAIRE MENTIONNÉ DANS LES COMMENTAIRES D'IMAGES

Page 67 :

Fontenay-sous-Bois (ville de la banlieue Est de Paris / au nord du bois de Vincennes).

Page 81 :

Valoir : « Combien vaut cette boîte de chocolat ».
Vouloir : « Je voudrais un paquet de cigarettes ».
« Que désirez-vous ? », « C'est pour offrir ? ».

Page 84 :

L'arbre généalogique.

Page 85 :

Le nombre pair (divisible par deux), impair (loterie).

Expressions autour du thème de la cage, extension lexicale

Être comme un oiseau en cage : souffrir du manque d'espace.
Cesser de tourner comme un ours en cage : montrer son impatience.
Cage à lapin / à poules : se dit d'un logement exigu / d'aspect uniforme.
Entrer dans la cage aux lions : entrer dans un endroit hostile / dangereux.
Mettre quelqu'un en cage : l'enfermer.
L'oiseau s'est échappé de sa cage : le prisonnier s'est évadé.

Expressions autour du thème de l'oiseau, extension lexicale

C'est un drôle d'oiseau : c'est un individu bizarre.
C'est un oiseau rare : personne étonnante (ironique).
Être comme l'oiseau sur la branche : ne pas se fixer définitivement.
Un oiseau de mauvais augure : quelqu'un qui apporte des mauvaises nouvelles.

Les animaux domestiques

La S.P.A. (société protectrice des animaux) : fondée en 1845 – 70 000 adhérents – entretient 37 refuges et recueille 200 000 animaux par an dont 100 000 chiens.

Revue : Animaux magazine (tirage : 110 000 ex.) et Trente Millions d'Amis (tirage : 162 000 ex.).

Quelques chiffres :

En 1986, il y avait en France 37 millions d'animaux domestiques :

> chiens : 9 millions
>
> chats : 7 millions
>
> oiseaux : 8,8 millions (dont 4 à 5 millions de canaris, 1 million de perruches)

1 foyer sur deux possède un animal domestique : dont 34 % des chiens, 20,6 % des chats et 11,2 % des oiseaux. 21 % des chiens et 18 % des chats vivent en appartement.

Budget des Français : 28 milliards de F (en 1980).

Coût annuel moyen d'un chien : 2 200 F, d'un chat : 880 F.

Voir fiche émission 6 pour coût des chiens dans la ville de Paris.

À Paris : amende de 600 F si le chien fait ses besoins en dehors du caniveau.

Nombre d'abandons : 800 000 / an dont 300 000 l'été.

Expressions autour du thème des animaux domestiques, extension lexicale

Une perruche : une femme bavarde.

Chiens

Autres noms : le cabot, le clebs, le clébard, le toutou.

Locutions diverses : avoir un mal de chien (rencontrer bien des difficultés), un travail de chien (un travail difficile), une vie de chien (une vie misérable), il fait un temps à ne pas mettre un chien dehors ; il n'est pas trop chien (c'est un bon bougre).

Traiter quelqu'un comme un chien.

Mourir comme un chien, enterrer quelqu'un comme un chien.

Garder à quelqu'un un chien de sa chienne : lui garder rancune et promettre de se venger.

Arriver comme un chien dans un jeu de quilles : arriver au mauvais moment.

Être bon à jeter aux chiens : ne pas valoir grand chose.

Être bête / fou comme un jeune chien : être étourdi / folâtre.

« Merci, mon chien ! » : se dit à un enfant qui dit seulement merci sans nom d'accompagnement.

Avoir un caractère de chien : avoir très mauvais caractère.

Chat

Autres noms : le minet, le matou, le minou.

Jouer au chat et à la souris : faire durer une situation pénible.

Retomber comme un chat sur ses pattes : se tirer adroitement d'embarras.

C'est du pipi de chat : ça n'a aucun goût.

Il n'y a pas de quoi fouetter un chat : l'affaire est sans importance.

Avoir d'autres chats à fouetter : avoir d'autres affaires plus sérieuses à régler.

Appeler un chat un chat : appeler les choses par leur nom.

Donner sa langue au chat : s'avouer incapable de résoudre une question.

Poisson

Être heureux comme un poisson dans l'eau.

Quai de la Mégisserie (voir photo page 78)

Mégisserie : art de préparer les peaux et cuirs destinées à la ganterie et pelleterie ; appelé ainsi car les bouchers y tuaient et dépeçaient les bêtes jusqu'à la Révolution. Ils ont été remplacés par des graine-tiers, des marchands d'oiseaux, de poissons exotiques. Belle vue sur l'Ile de la Cité et le quai de l'Hor-loge : la Conciergerie, le Pont au Change, le Palais de Justice et le Pont-Neuf.

La Conciergerie : partie médiévale du Palais de Justice, délimitée par la Tour de l'Horloge (1370), la Tour de César, la Tour d'Argent (où les rois déposaient leur trésor) – au milieu de la photo du livre page 78 et la Tour Bon-Bec (chambres de torture). Convertie en prison après que le palais de la Cité eut cessé d'être la résidence des rois (1392). Cette partie du palais dépendait autrefois de l'administration du « Concierge », haut dignitaire de maison royale. Marie-Antoinette y fut enfermée.

Île de la Cité : berceau de Paris. Appelée Lutèce par les Romains, ce fut ensuite la Cité au Moyen Age par opposition à la Ville, sur la rive droite, et à l'Université, sur la rive gauche.

L'habitat en France, vocabulaire page 86

La maison individuelle.
L'appartement.
La H.L.M. : habiter un ou une H.L.M. (habitation à loyer modéré).
Le pavillon de banlieue.
Le propriétaire, le locataire.
Habiter en location.
Louer un appartement.
La résidence secondaire.

Quelque chiffres

Parc du logement en France (en 84) : 24,25 millions.
À Paris (en 82) : 1 279 730 logements.
En 85 : 2 700 000 résidences secondaires.
Logements construits en 86 : 207 300.

Le Corbusier

Dans les maisons individuelles, il cherche à appliquer les principes de la « machine à habiter » : recours à une ossature sur pilotis, libérant le sol, façade libre (abandon de la symétrie et de la frontalité), fenêtre en bandeau et à armature métallique, toit-terrasse, ... (se reporter à la photo du livre). Exemple de réalisation : « Villa Savoye » à Poissy dans les Yvelines.
Ce fut l'un des précurseurs de l'architecture moderne.

PROPOSITIONS D'EXERCICES

Rédiger un carton d'invitation pour une cérémonie.
Envoyer une lettre d'excuse de ne pas pouvoir accepter une invitation.
Simuler un achat dans une boutique de fleurs.
Jeu de rôles : acheter un objet que l'on souhaite offrir.
Faire envoyer des fleurs par Interflora (conversation téléphonique).

ÉPISODE 8 / **PARIS LUXE**

APPRENTISSAGE

OBJECTIFS LINGUISTIQUES	OBJECTIFS CULTURELS

Lexique : Vocabulaire thématique
    – des vêtements
    – des couleurs
    – des consommations
 	
Grammaire : Partitifs
    Partitifs et négation
    Verbes : servir, plaire
    Interrogation sur une durée « Depuis combien de temps »
 	
Actes de parole : Demander un service
    Essayer un vêtement
    Formules de politesse et de consentement à un ordre reçu
	Soldes
	
	Quelle taille faites-vous en France ?
	
	Mode et haute couture

SENSIBILISATION

GRAMMATICALE	LEXICALE
Pronom et adjectif indéfinis Futur proche	Les vêtements

CONTENU DES SÉQUENCES VIDÉO

POUR EN SAVOIR PLUS

L'expression de temps : depuis … Je peux … ? Vous pouvez … ? Articles partitifs : du, de la, pas de	Les articles de luxe : quelques grandes marques Les « Grands magasins » de Paris

1. Dialogues et savoir dire

a) Présentation de l'épisode

Photo p. 90 : Vincent accompagne une vedette dans des magasins de luxe, à Paris.

b) Visionnement intégral du film

c) Visionnement de la partie grammaticale du film

– Depuis combien de temps ? Depuis …
– Pouvoir.
– Articles partitifs.

Continuer la partie grammaticale en étudiant avec le livre p. 94 **les formes et les emplois du partitif.**
Parallèlement à l'étude du partitif, mentionner l'utilisation fréquente de l'adjectif numéral cardinal « un » (un café – un thé – un jus d'orange), pour passer une commande : les consommations se comptent à l'unité et il s'agit là de quantités déterminées (une tasse de café – un verre de jus d'orange).

En fin d'étude, proposer quelques jeux de rôle pour faire réutiliser les partitifs.

d) « Demander un service » Livre p. 95

Relever la phrase de Vincent n° 5 p. 91 : « Vous pouvez ouvrir la porte ? »
Faire conjuguer le verbe pouvoir (rappel de l'émission 6).
Faire lire les exemples.
Définir les différents emplois du verbe « pouvoir ».
Relever les formes de politesse puis faire l'exercice.
Faire réinvestir dans de petits sketches.

e) Visionnement segmenté du film

Pour chaque unité, faire définir les lieux, les personnages, les situations.
Tout au long de l'émission, faire préciser les différents emplois du verbe « pouvoir » et relever les formules de politesse et de consentement aux ordres reçus (Très bien, merci, Merci pour tout, À votre service, Oui Madame, tout de suite).

Images 1, 2 :
Noter l'utilisation de « pour + infinitif » pour exprimer un but, une intention.
Réutiliser l'expression « depuis » en faisant répéter la question du réceptionniste et la réponse de Vincent.
Faire conjuguer le verbe « venir ». Introduire et expliquer le verbe « convenir ». Déduire sa conjugaison.
Noter les réactions de Vincent et de Françoise.

Images 3, 4 :
Questions de compréhension générale.
Faire trouver une autre formulation pour la question « Que désirez-vous ? » → « Qu'est-ce que vous désirez ? ».
Faire conjuguer le verbe « vouloir » au présent. Rappeler les 3 personnes du singulier au conditionnel.
Noter les 2 formes de l'adjectif beau / belle.
Relever le démonstratif « celle-là » et rechercher un pronom démonstratif équivalent (celle-ci).
Noter la réaction mentale de Vincent.

Images 5, 6, 7 :
Vérifier l'utilisation adéquate des expressions temporelles « Depuis » et « Dans » …
Faire conjuguer le verbe « faire » au présent puis au passé composé en indiquant le participe passé.
Noter et expliquer l'orthographe du pronom indéfini « tout » et de l'adjectif indéfini « tous ».
Noter l'attitude de Vincent (fatigué / abattu).
Faire écrire et justifier les terminaisons de fatigué(e) dans les phrases de Vincent et Brigitte.
Rappeler la construction « inviter quelqu'un à + infinitif » (émission 7) et noter la place du pronom complément devant le verbe conjugué.

Image 8 :
Introduire la conjugaison du verbe « servir » (n° 4 p. 96) puis faire conjuguer le verbe « prendre ».
Visionner puis couper le son et faire reconstituer les dialogues.

Images 9, 10, 11 :
Relever l'emploi de l'impératif pour exprimer un conseil, un ordre.
Faire conjuguer le verbe « passer » au passé composé en indiquant le participe passé.
Noter l'expression « Ça me fait plaisir » ; la transposer au passé composé en expliquant la transformation du pronom « me » en « m' » devant une voyelle.
Relever et expliquer la phrase interro-négative.

Image 12 :
Faire remarquer la construction « aller au présent + infinitif » pour exprimer une intention.
Rechercher les impératifs.
Expliquer la conjugaison du verbe pronominal « se servir ».
Faire jouer la scène après visionnement, en essayant de reconstituer les dialogues.

Images 13, 14 :
Relever les verbes au futur proche. Définir l'emploi. Nommer le temps.

f) Écoute de la cassette audio puis lecture dialoguée en insistant sur l'expression (ton autoritaire de Brigitte, voix atone de Vincent).

g) Exercices de compréhension p. 63-64-65 du cahier d'exercices.

h) Tableau « Notez bien » p. 95.

Le tableau est explicite. Il permet, en outre, de consolider la connaissance des couleurs abordées à l'émission 7.

i) Décrire les personnages dessinés sur le livre p. 96, puis proposer un jeu de devinettes : un étudiant doit décrire les vêtements d'un participant et faire découvrir de qui il s'agit.
Enrichir le lexique en fonction des besoins. Introduire « chaussures – bottes ».

j) Faire lire le dialogue p. 96

Pour expliquer les tailles, on consultera le tableau p. 97 en le complétant, si besoin est, par les tailles en usage dans le pays des participants.
Introduire le verbe plaire (n° 4 p. 96).
Faire l'exercice du livre (Imaginer un dialogue).
Faire appel au vécu des participants : « Connaissent-ils certains des magasins présentés dans l'émission ? Qu'en pensent-ils ? »

k) Exercices structuraux p.65-66 du cahier d'exercices.

l) Reconstituer l'histoire en s'aidant des images.

2. Savoir vivre

a) Soldes

Le professeur peut présenter un catalogue de ventes par correspondance, un guide de magasins de soldes permanents et quelques photos de mode.
Faire observer les photos et dessins p. 97, 98.
Expliquer le nouveau vocabulaire
– à l'aide du matériel cité précédemment
       des photos de la partie « Savoir vivre »
       des chiffres cités
– en modifiant la structure de certaines phrases.
Consolider éventuellement le vocabulaire des mois (abordé à l'émission 5) et introduire celui des saisons.

b) Mode et Haute Couture

On pourra demander aux participants quels grands noms de la Haute Couture française ils connaissent.
Le texte constitue surtout un apport culturel avec la citation abondante de grands noms de la Haute Couture française et internationale.
Se référer aux dessins pour expliquer des mots comme « styliste / fantaisiste / extravagant ».
Poser quelques questions de compréhension.
L'exercice « Entraînez-vous » permet de réinvestir le lexique de l'habillement (modèles – tailles – matières – coloris).
On peut terminer en demandant aux étudiants ce qu'ils pensent de la mode française, de la Haute Couture, s'ils assistent parfois à des défilés de mode, s'ils suivent la mode, s'ils auraient aimé être stylistes ou mannequins ...

3. Faisons le point

Tests pp. 100, 101.
Exercices proposés de la partie « Ouvertures » p. 57.

4. Ouvertures

VOCABULAIRE THÉMATISÉ

Faire des achats (voir émissions 4 et 7) : acheter un vêtement.
Prendre une collation.
Émettre un désir / un souhait : pouvoir.
Demander un service.

FAIRE LES COURSES

Faire les magasins.
Le magasin (mot d'origine arabe) / la boutique / la superette.
Le bazar : mot d'origine persane (souk), marché public en Orient.
Le supermarché / la grande surface / le centre commercial.
La devanture d'un magasin / la vitrine.
Les Grands Magasins : les Galeries Lafayette / Le Printemps / le Bon Marché.
Le marché : aller au - / les marchands ambulants / forains (forain : qui est au dehors de la ville).
Le commerçant / les petits commerces.
Les soldes (mot pluriel) : marchandises qui se vendent au rabais.
Vente de soldes : braderie / articles de fin de série.
Brader (de l'allemand braten : rôti) : se débarrasser d'un objet à vil prix (à très bas prix).
Les courses (mot pluriel) : faire ses -.
Régler ses achats : par chèque, en espèces (au comptant), avec sa carte de crédit.
La vendeuse / le chef de rayon.
Essayer un vêtement, échanger un article, rembourser / faire un avoir.
Chic / élégant / bonne – mauvaise qualité / très habillé / smart.
Prêt-à-porter, haute couture.

ACHETER QUELQUE CHOSE DANS UN MAGASIN

Quelques rituels langagiers

« Vous pouvez me montrez vos … »
« Montrez-moi aussi ce que vous avez en bleu … »
« Où se trouve la cabine d'essayage ? »
« Est-ce que je peux l'essayer ? »
« Non, ça ne me va pas du tout », « Ça me va parfaitement / à ravir ».
« Ce costume vous va très bien », « Est-ce que vous vous sentez à l'aise dedans ? »
« Auriez-vous cet article dans une autre taille ? »
« C'est trop grand / long / petit / large / serré / étroit ».
« La couleur vous va bien au teint … »
« Est-ce que vous faites les retouches ?… », « Est-ce qu'elles sont gratuites ? »
« Quand puis-je passer prendre mon pantalon ?… »
« Est-ce que je vous fais un paquet (/ cadeau) ? »

Quelques expressions

Avoir un esprit de boutiquier : avoir un esprit peu ouvert / cocardier.
Avoir le sens du commerce / des affaires.
Aller à quelqu'un comme un gant : aller parfaitement / à merveille.
Être boudiné : serré dans un vêtement étriqué.
Être tiré à quatre épingles : être très soigné.

VOCABULAIRE MENTIONNÉ DANS LES COMMENTAIRES D'IMAGES

Page 91 :

Maquiller (argot : faire – travailler / du néerlandais maken : faire).

Page 92 :

Thé : originaire de Chine, il fut introduit au Japon au 9e siècle puis, par la route des Caravanes, gagna tout le pays mongol, l'Iran, le monde musulman et la Russie. La Compagnie des Indes orientales introduisit le thé en Hollande en 1610, en France en 1636 puis en Angleterre en 1650.

Page 93 :
Le gala : grande fête à caractère officiel.

Page 85 :
Le nombre pair (divisible par deux), impair (loterie).

Expressions idiomatiques
Faire des emplettes (familier) : faire des achats.
Aller aux commissions : faire des courses.
Être au parfum : être informé.

Expressions autour du thème des vêtements, extension lexicale
Changer d'avis comme de chemise.
« Lâche-moi un peu les baskets ! » : ne sois pas toujours derrière moi.
« C'est elle qui porte la culotte » : elle règne en maître sur sa famille.
Se cravater : bien s'habiller.
Tourner sa veste : changer d'opinion.
Avoir quelqu'un dans sa manche : l'avoir avec soi, de son côté.

Quelques origines de mots à retenir
Cravate : bande de linge que les cavaliers croates au service du roi portaient autour du cou.
Pantalon : du nom de Pantalone, personnage de la comédie italienne.
Gilet : mot d'origine arabe, « casaque des captifs chrétiens chez les Maures ».
Les godillots : du nom d'Alexis G. fournisseur de l'armée française, gros souliers.

LE SAVIEZ-VOUS ?

Les articles de luxe
Le Comité Colbert :
Association fondée en 1954 par Jean-Jacques Guerlain qui regroupe 70 adhérents parmi les plus grandes marques françaises des produits de luxe (salariés : 25 000 ; chiffre d'affaires : 18 milliards de F dont 70 % à l'exportation).
Parmi eux : Chanel, Christian Dior, Givenchy, Jeanne Lanvin, Nina Ricci (pour la Haute Couture), Boucheron, et Mauboussin pour la Haute Joaillerie, Louis Vuitton (Malletier), Chanel, Guerlain, Hermès, Rochas, ... (pour les parfums), Lenôtre (traiteur), Bollinger, Krug, Ruinard, Veuve Clicquot-Ponsardin (vins de Champagne), Courvoisier, Martell, Rémy Martin (Cognac).

Hermès
Créé en 1837.
Production annuelle : 1 100 000 carrés de soie, 1 200 000 cravates.
Chiffre d'affaires : 2,9 milliards de francs.
Entreprise entièrement contrôlée par la famille (3 branches, 17 petits enfants dont 7 dans l'entreprise).
Propriétaire des Cristalleries Saint-Louis ; marque de parfum « Calèche ».
2 900 employés.
La boutique du Faubourg vend un carré toutes les 15 secondes.
Mensuration obligatoire du carré : 90 x 90 cm, 70 g de soie ; 820 modèles depuis 1937.

Une branche active : les parfums
Chiffre d'affaires : 18,8 milliards de francs en 1987.
16 milliards à l'exportation.
Principaux clients : 1er la R.F.A., ensuite : U.S.A., Italie, G.B. et Belgique-Luxembourg.
229 entreprises.
Effectif : 32 200 salariés.

Cartier
Produits : joaillerie, stylos, cuirs, parfums, briquets, objets de bureau.
Gamme de prix : de 300 à 2 880 000 F pour le collier Concerto tout pavé de diamants.
Pari de Cartier : démocratiser les produits élitistes, marier luxe et grand public.

Cartier n'est plus français depuis l'entrée de Rothmans (géant du tabac anglo-sud-africain / cigarettes Dunhill) dans le capital à hauteur de 47 % au côté du groupe suisse Richemont, actionnaire à 34 %.

Chiffre d'affaires : 1 milliard de $.

Effectif : 3 000 salariés.

Le fondateur de Cartier a appris son métier pendant les guerres napoléoniennes : il travaille le cuir des poires à poudre et cisèle les fermoirs et crosses de fusils. Dès 1817 il ouvre un atelier dans le Marais. 1847, entrée dans la joaillerie-orfèvrerie puis sous le Second Empire, installation boulevard des Italiens.

Emblème de la Maison : la panthère.

Secteurs de prédilection : joaillerie et horlogerie : n° 1 mondial / chiffre d'affaires : 250 millions de $.

Cartier ne concède pas de licence (tout comme Chanel, Vuitton et Hermès) et conserve toute la chaîne dans ses mains : fabrication, distribution, service après-vente, communication.

Horlogerie de luxe : 42 % des ventes totales ; maroquinerie et parfum : 10 % ; affaires de diversification : 8 % (produits pour Saint Laurent et Ferrari).

Loyer de la maison rue François-1er : 22 millions / an.

Réseau de 136 boutiques réparties dans le monde et 7 500 dépositaires.

50 % des ventes se font en Europe ; 20 % aux U.S.A. et 20 % en Asie.

Les Grands Magasins

Quelques informations générales :

En 1824 : Aristide Boucicaut (1810-1877) reprend une boutique de mercerie et de nouveautés à l'enseigne Au Bon Marché et généralise le prix fixe indiqué sur une étiquette. Les clients peuvent entrer sans contrainte, regarder, toucher contrairement à la pratique en usage.

Ouverture du Bazar de l'Hôtel de Ville en 1855.

En 1865 : Jules Jaluzot (ancien chef de comptoir du Bon Marché) ouvre Le Printemps.

Ernest Cognacq-Jay crée La Samaritaine en 1870.

En 1895 ouverture des Galeries Lafayette (Théophile Badre – 1864-1942).

En 1897 création des Trois Quartiers.

Surface de vente :

La Samaritaine : 48 000 m2

Printemps : 47 646 m2.

Chiffre d'affaires en 1987 – millions de francs

Printemps : 2 420.

Galeries Lafayette : 2 599.

Chiffre d'affaires consolidé / 1987 (avec filiales) :

Galeries Lafayette (avec magasins Monoprix, Super M, Inno ...) : 23 milliards de francs.

Printemps (avec Prisunic, Escale ...) : 20,9 milliards de francs (détient les marques Armand Thierry et Valérie Brummel ; participations dans Euromarché, Viniprix, La Redoute...).

PROPOSITIONS D'EXERCICES

Faire des jeux sur des publicités de produits de luxe :

• masquer le nom du produit

• faire trouver le nom du produit, son usage, son nom ...

Jeu de rôles : simuler un achat dans un grand magasin.

À l'aide de vignettes représentant des objets, faire retrouver les marques prestigieuses correspondantes.

ÉPISODE 9 / **DÉJEUNER CHEZ LE NÔTRE**

APPRENTISSAGE

OBJECTIFS LINGUISTIQUES	OBJECTIFS CULTURELS

Lexique : Vocabulaire thématique
      – la nourriture
      – la composition d'un repas
      – la vaisselle de table
 	
Grammaire : Les numéraux ordinaux
    Les pronoms compléments : me, te, vous
 	
Actes de parole : Inviter quelqu'un à déjeuner
    Réserver une table au restaurant
    Reconnaître un plat
    Passer une commande
    Réclamer la note
	Les usages dans les restaurants
	
	Grands restaurants et petits bistrots

SENSIBILISATION

GRAMMATICALE	LEXICALE
Les adjectifs possessifs Rappel des partitifs	Mots et expressions concernant les repas

CONTENU DES SÉQUENCES VIDÉO   POUR EN SAVOIR PLUS

Numéraux ordinaux Pronoms personnels : me, te, l', vous Réserver une table Composer son menu au restaurant	La gastronomie française : quelques caractéristiques

1. Dialogues et savoir dire

a) Présentation de l'épisode

Vincent invite Françoise à déjeuner dans un restaurant de luxe.

Interroger les participants sur leurs expériences éventuelles de la cuisine française. Que savent-ils de la composition d'un repas en France ?

b) Après une brève révision du lexique de la nourriture (cf. épisode n° 8), commencer par l'étude de la p. 106 « Choisir un repas » qui constitue un apport lexical abondant. Encourager les apprenants à exprimer leurs réactions et à parler de leurs propres habitudes culinaires.

Faire l'exercice d'application p. 107 sous forme de jeu de rôle.

On pourra également proposer un éventail de plats et d'aliments puis demander aux apprenants de les placer dans les groupes auxquels ils appartiennent (entrée, plat principal ...) et de composer un menu logique.

c) Étudier ensuite le n° 2 p. 107 « **Reconnaissez un plat** ».

d) Visionnement intégral du film

Demander aux participants de résumer oralement ce qu'ils ont compris, en les guidant éventuellement par des questions.

e) Visionnement de la séquence fonctionnelle vidéo dont on respectera la suite chronologique.

Les numéraux ordinaux :

Faire dégager la règle de formation. Mentionner « dernier » par opposition à « premier » et « second » comme synonyme de « deuxième ».

Les pronoms compléments me (m') – te (t') :

À l'aide d'exemples en situation, faire dresser un tableau récapitulatif des pronoms compléments d'objets directs (étude amorcée dans l'épisode n° 6).

Réserver une table :

Poursuivre avec le livre p. 108 n° 3 « Réserver une table » avec jeu de rôle.

Achever le visionnement de cette séquence fonctionnelle vidéo par la partie « **Composer un repas** » qui consolide les acquisitions de la page 106.

f) Visionnement segmenté du film par unités de lieu et de situation (images n° 1 à n° 4 – n° 5 à n° 7 – n° 8 à n° 11 – 12).

Au cours de ce second visionnement, et pour chaque unité, faire définir lieux, personnages et situations. Expliquer ou faire déduire le nouveau vocabulaire (maître d'hôtel, apéritif, conseiller, foie gras, caviar, sommelier, pourboire ...) et noter l'emploi du conditionnel pour les verbes « faire, avoir, vouloir » qu'on conjuguera en entier. Introduire le tableau complet des adjectifs possessifs dont l'acquisition sera consolidée dans l'épisode n° 11.

À l'issue de chaque unité, faire jouer les différentes scènes en essayant de reconstituer les dialogues.

Mettre à profit la scène pendant laquelle Françoise et Vincent sont à table pour introduire une partie du lexique du n° 4 p. 108.

Terminer par le n° 4 p. 108 « Qu'est-ce qui vous manque ? » puis fixer les nouvelles acquisitions par quelques jeux de rôle reprenant les principaux actes de parole (cf. tableau récapitulatif des objectifs).

g) Exercices de compréhension pp. 72-73 du cahier d'exercices.

h) Écoute de la cassette audio puis lecture dialoguée.

i) Exercices structuraux pp. 74-75 du cahier d'exercices.

2. Savoir vivre

Dans un restaurant

Pas de difficultés dans la compréhension de ces textes.

Inciter les participants à établir des comparaisons avec les coutumes de leur propre pays.

Documents pages 110-111.

Simplifier la syntaxe du texte « La Tour d'Argent » afin d'en faciliter la compréhension. Expliquer la composition de certains plats comme « le pot-au-feu », « le bœuf bourguignon », « l'omelette Parmentier » ...

Apporter, si possible, un guide des restaurants et proposer quelques exercices de repérage et d'utilisation de ce guide.

Enfin, on pourra décider de compléter cet épisode par la lecture anticipée du texte p. 123 « Une solution de luxe », portrait du cuisinier Le Nôtre.

3. Faisons le point

Tests p. 112, 113.
Exercices proposés de la partie « Ouvertures » p. 63.

4. Ouvertures

VOCABULAIRE THÉMATISÉ

Faire une invitation (voir émissions : 7 et 8).
Sortie : dîner dans un restaurant.
Passer une commande.
Lire un menu / carte des vins.

AU RESTAURANT : PASSER UNE COMMANDE

Vocabulaire usuel

Inviter quelqu'un à déjeuner / dîner.
Choix du local : restaurant français / étranger.
Spécialités françaises / étrangères (pizza, couscous, …).
Réserver une table / … couverts.
Lire le menu / la carte des vins.
Choisir un plat / la spécialité de la maison.
Manger à la carte / Prendre quelque chose à la carte / Prendre le menu du jour.
Commander une boisson.
Ne pas prendre de hors d'œuvre / de fromage / de dessert.
Le maître d'hôtel / le chef de rang / le serveur / le sommelier / le chef de cuisine.
Laisser ses vêtements / son manteau au vestiaire.
Quelques qualificatifs : copieux, fin, exquis, délicieux, raffiné.
Réclamer l'addition.
Laisser un pourboire.
Le service était impeccable / parfait / rapide / stylé.
Les plats sont savoureux / bien présentés.

Quelques rituels langagiers

« Je voudrais réserver une table pour 4 personnes … ».
« À quel nom ? / Pour quelle heure ? »
« Où peut-on se garer ? Y a-t-il un parking / garage à proximité ? »
« Qu'y a-t-il au menu aujourd'hui ? »
« Est-ce que vous pourriez m'apporter une carafe d'eau / une corbeille de pain ? »
« Êtes-vous satisfait ? »
« Oui, c'est parfait / excellent ».
« Où sont les toilettes, s'il vous plaît ? »
« Qu'est-ce que vous prendrez comme dessert ? »
« Désirez-vous un café ? »
« Attention, l'assiette est très chaude ! »
« Apportez-moi la carte des vins ».
« Qu'est-ce que vous me recommandez comme vin ? »
« Qu'est-ce que vous me conseillez ? »

Quelques expressions

« J'ai l'eau qui me monte à la bouche » : saliver abondamment à l'idée de bonnes choses.
Avoir l'estomac dans les talons : être affamé.
Être boulimique : ne pas arrêter de manger.
Être rassasié : avoir assez mangé.
Apprécier la bonne chère : aimer la nourriture.
Donner du caviar à un cochon : gâcher quelque chose.
Se gaver : manger abondamment.
Mettre de l'eau dans son vin : atténuer son avis.

VOCABULAIRE MENTIONNÉ DANS LES DIALOGUES / COMMENTAIRES D'IMAGES

Page 103 :

Le salaire (origine) : « ration de sel », indemnité du soldat.

Autres formes de rémunération : appointements, émoluements, gages, honoraires, solde, traitement, vacation.

Page 107 :

L'entrée : le hors-d'œuvre.

Le Châteaubriand : appelé ainsi parce que l'invention de ce plat serait due au cuisinier de l'écrivain (Monsieur Montmirel).

La Julienne : préparation de légumes émincés (coupés en filaments minces).

Les Paupiettes : tranche de viande roulée et farcie (de l'ancien français « paupier » : papier enveloppant un gibier).

La Charlotte : entremet à base de fruits, de biscuits et de crème parfumée.

Page 110 :

Le sandwich : tiré du nom du comte de Sandwich dont le cuisinier inventa ce mode de repas pour lui épargner de quitter sa table de jeu (XIXe siècle).

Parmentier (1737-1813) : agronome ; devant la réticence des Français face à la pomme de terre, il eut l'idée de faire garder un champ de pommes de terre par des soldats, ce qui excita la convoitise des voisins et déclencha son développement (1793 : 35 000 ha ; 1815 : 350 000 ha). Le roi Louis XVI en mangeait à tous les repas.

Croque-monsieur (des croque-monsieur) : ensemble chaud, fait de pain de mie grillé, au jambon et au fromage ; croque-madame : il suffit d'ajouter un œuf cuit au plat.

C'est Marcel Proust qui aurait utilisé le premier ce dénominatif.

Page 111 :

Œuf en meurette : sauce au vin rouge servant à accompagner certains mets.

Bisque : du nom de la province espagnole de Biscaye ; potage fait avec un coulis de crustacés.

Consommé : bouillon de bœuf ou de volaille clarifié.

Rouergue : région située au sud du Massif Central ; son nom lui a été donné par ses premiers occupants : tribu gauloise des Ruthènes ; population : 2 400 000 habitants.

Crottin : petit fromage de chèvre de forme arrondie ; les plus connus sont ceux de Chavignol (région de Sancerre).

Les poissons : la lotte, le bar, la sole, le saumon, la barbue, la goujonette, le turbot.

La coquille St-Jacques.

Les crustacés : le homard, la langouste.

Les quenelles : rouleau de mie de pain où est incorporé une farce de poisson.

Page 112 :

La sauce béchamel : de Louis de Béchamel (1630-1703) qui fut maître d'hôtel de Louis XIV.

Expressions autour du thème des aliments, extension lexicale

Faire son beurre : gagner beaucoup d'argent / s'enrichir.

L'addition était salée : son montant était très élevé.

Ne pas mettre ses œufs dans le même panier : éviter d'avoir ses intérêts dans un seul endroit.

C'est de la semelle : pour évoquer un steak dur.

Mettre du beurre dans les épinards : améliorer sa situation.

« Occupe-toi de tes oignons ! » / « C'est pas tes oignons » : occupe-toi de tes affaires.

Se sucrer au passage : se servir.

Expressions autour du thème des poissons, extension lexicale

Avoir des oursins dans les poches : ne pas dépenser facilement son argent.

Aller à la pêche : chercher à obtenir ou à trouver quelque chose sans méthode précise.

Finir en queue de poisson : ne pas avoir de fin logique.

LE SAVIEZ-VOUS ?

La gastronomie / restauration française
Quelques mets de luxe :

Le foie gras : foies d'oies ou de canards gavés (soumis à une alimentation extensive). Poids du foie d'oie : 700 à 850 grammes / canard : 400 grammes.

La truffe : la vraie est originaire du Périgord (melanosporum), écorce noire boursoufflée / chair marbrée, très parfumée. Prix : 3 000 F/kg. Production : 80 t en 1987.

Le caviar : œufs d'esturgeon (poisson de mer frayant en eau douce). Introduit en France après la Révolution russe par des princes. Espèces : Beluga / Ossetra. Centre de production : U.R.S.S. (2 000 t/an) / Iran. Consommation en France : 48 t/an. Prix du béluga : 800 F le kg.

Le saumon : 11 000 tonnes importées en France (500 grammes / habitant).

Le homard : crustacé très cher par sa rareté.

Quelques plats de bon niveau
Le véritable poulet de Bresse, production en France : 1,8 millions d'unités.

Les chapons de Saint-Maure / de Bresse : jeune coq châtré que l'on engraisse pour la table.

Les gélines de Touraine : « petite poule noire rustique et savoureuse ».

Charolais du Limousin : bœuf élevé dans la région du Charolais.

Agneau du Quercy.

Quelques bonnes adresses de la grande gastronomie française
Restaurant Lasserre : situé dans le bas des Champs-Élysées.

La Tour d'Argent : situé place de la Bastille.

D'après les guides Gault & Millau « Le guide jaune » : 8 100 adresses, le mensuel : 147 000 exemplaires, le Guide France : 200 000 exemplaires.

Chaque année, il couronne – ou plutôt il « toque » – le travail des grands chefs.

Dans l'édition de 1990 : élection de cuisiniers du siècle (au même titre que Auguste Escoffier et Fernand Point) 3 géants de l'Europe gourmande : Paul Bocuse, Fredy Girardet et Joël Robuchon. Accession au fameux 19,5 de Marc Veyrat (jeune chef d'Annecy) qui rejoint Bernard Loiseau à Saulieu et Marc Haeberlin à Illhäusern.

Derrière les élus, on trouve les parisiens Alain Passard (« L'Arpège ») et Philippe Groult (« Amphyclès ») ainsi que Taillevent.

Quelques chiffres en France (1984)
Établissements de restauration publique : 122 000 (dont 61 632 cafés-restaurants, 38 711 hôtels-restaurants et 21 600 restaurants purs dont 5 000 appartiennent à des chaînes).

Nombre de repas servis par an : 4,7 milliards en 1982.

Restauration sociale (en entreprises) : 3 milliards de repas par an.

PROPOSITIONS D'EXERCICES

Définir la catégorie d'un restaurant à l'aide de publicité / de guides ad-hoc.

Faire écrire une recette typique d'un pays.

Trouver les spécialités de plusieurs pays.

Association vins / plats.

Décrire les deux photos de la page 109 et les comparer.

Faire faire une description de la photo page 110/111.

ÉPISODE 10 / **RENDEZ-VOUS**

APPRENTISSAGE

OBJECTIFS LINGUISTIQUES	OBJECTIFS CULTURELS

Lexique : Vocabulaire thématique : la cuisine
  – ingrédients
  – préparation d'un plat
 	
Grammaire : Les comparatifs : plus ... que, moins ... que
  Les adverbes de quantité : trop, assez, plus, moins
  Impératif et pronom
  Différentes formes interrogatives
  Verbe : mettre
 	
Actes de parole : Commenter les différentes étapes de la préparation
  d'un plat
  Formules de politesse dans les présentations
	Découvrir :
	– quelques recettes régionales
	– une école de cuisine
	
	Savoir mettre le couvert
	
	Traiteur ou surgelés ?

SENSIBILISATION

GRAMMATICALE	LEXICALE
Les pronoms disjoints L'impératif des verbes pronominaux	Les adjectifs qualificatifs appréciatifs

CONTENU DES SÉQUENCES VIDÉO   POUR EN SAVOIR PLUS

Différentes formes d'interrogation La comparaison : plus, moins La quantité : un peu de, trop de, assez de	La cuisine française L'industrie agro-alimentaire : quelques spécificités

1. Dialogues et savoir dire

a) Présentation de l'épisode

Vincent et Françoise assistent à un cours de cuisine puis mettent leurs connaissances en pratique ...
Présenter, si possible, quelques livres bien illustrés de cuisine traditionnelle, régionale et de nouvelle cuisine pour ... mettre en appétit !
Citer ou faire nommer quelques grands chefs de la cuisine française.
Faire commenter la photo p. 114, cette activité permet la révision d'une partie du lexique sur les aliments et introduit un nouveau vocabulaire assez abondant.

b) **Visionnement intégral du film** jusqu'à l'incident du plat cassé chez Vincent (image 9).

Faire résumer la situation en quelques courtes phrases puis faire imaginer la suite de l'épisode.
Reprendre le visionnement jusqu'à la fin et comparer la réalité aux hypothèses formulées précédemment.

c) Visionnement de la partie grammaticale

« Plus … Moins … »

Consolider par l'étude de la page 118 **« Plus … Moins … »**.

« Un peu de, trop de, assez de … »

Poursuivre avec le livre p. 119 n° 2 « Trop … assez … » puis n° 3 « Donnez-moi ». Faire pratiquer ensuite le même type d'exercice en utilisant l'impératif à la seconde personne du singulier.

d) Étudier les différentes structures de la forme interrogative p. 120 n° 4. Ce travail sera poursuivi à l'issue de la phase lecture.

e) Le nouvel apport grammatical ayant été développé, proposer dès maintenant **l'écoute de la cassette audio**. (On pourra adopter la segmentation du livre : 1 / 2 / 3-4 / …). Au fur et à mesure de l'écoute, poser tout d'abord des questions de compréhension générale puis des questions plus précises afin d'induire la reproduction la plus proche possible des dialogues.

f) Lecture

Au cours de cette phase, faire conjuguer le verbe « mettre » au présent (image n° 5 et n° 5 p. 120) puis au passé composé, le participe passé figurant dans le texte (image n° 8).

Expliquer l'emploi du pronom disjoint « eux » (image n° 6). Faire établir un tableau récapitulatif de ce type de pronoms étudiés dans les épisodes 4 et 6.

Expliquer l'emploi et la formation du verbe pronominal à l'impératif, forme négative « Ne t'inquiète pas » (image 10).

Faire rechercher et formuler d'une autre façon toutes les questions du texte.

g) Exercices de compréhension pp. 78-79-80 sur le cahier d'exercices.

h) Visionnement intégral du film avec arrêt sur image ou visionnement muet de certaines scènes.

Faire situer la scène dans le déroulement de l'épisode, commenter et / ou faire reconstituer les dialogues. On pourra également scinder le groupe en deux : le groupe n° 1, jouant les enquêteurs, pose le plus de questions possible en variant la formulation (Est-ce que …, sujet inversé …), le groupe n° 2 fournit les réponses les plus détaillées, le but étant de générer une véritable communication entre les participants qu'on encouragera à s'aider et à se corriger mutuellement.

i) Exercices structuraux pp. 80-81 du cahier d'exercices.

2. Savoir vivre

a) Recettes régionales

Situer les différentes régions (Lorraine – Provence – Sud-Ouest) sur une carte.

Le texte des recettes peut être prétexte à une consolidation des connaissances de l'impératif (2e personne du pluriel – verbes du 1er groupe) et à la découverte de l'impératif des verbes « mettre – faire – servir – étendre – battre » (lexique propre aux recettes).

On pourra demander aux participants de rédiger une courte recette de leur pays en s'aidant de la page 121.

b) L'art de la table – Mettre le couvert – Traiteur ou surgelés ?

Ces textes ne présentent pas de difficultés particulières.

Insister sur l'aspect culturel en demandant aux participants d'établir des comparaisons avec les habitudes culinaires de leur propre pays.

Le texte « Une solution de luxe » p. 123 vient compléter l'épisode n° 9 « Déjeuner chez Le Nôtre ». On aura peut-être choisi de le lire dès la fin de l'émission n° 9.

3. Faisons le point

Tests pp. 124, 125.
Exercices proposés de la partie « Ouvertures » p. 68.

4. Ouvertures

VOCABULAIRE THÉMATISÉ

La cuisine – les recettes.
Recevoir des invités.
Les aliments.
L'industrie agro-alimentaire.

DANS LA CUISINE

Vocabulaire usuel

Une casserole, une sauteuse, une turbotière, la marmite.
La poêle à frire, à crêpes / le poêlon.
La friteuse, la passoire (« le chinois »), le fouet.
La louche, le récipient, l'écumoir, le plat, la saucière, la salière, le poivrier.
Faire la cuisine, le cuisinier (jargon : « le cuistot », « le marmiton »), préparer un repas.
Les cuisiniers portent une toque (par mesure d'hygiène).
Rôtir, pocher, frire, griller, poêler, braiser, assaisonner.
Le fourneau (jargon : « le piano »).
Mixer, mélanger, incorporer, battre, lier.
Les ingrédients / les denrées.
Mijoter (de l'ancien français mijot : lieu où l'on fait mûrir les fruits) : cuire longtemps à petit feu dans l'eau ou le bouillon.
Mitonner : préparer un mets avec amour. « Elle nous a mitonné un bon petit dîner ».
Couper, émincer, tailler, peler, écraser, émonder, écumer, déglacer.
Passer la sauce au tamis, goûter la sauce.
Préparer / confectionner un plat.
Quelques adjectifs : trop cuit, pas assez - / exquis, délicieux, succulent.
« Ça manque d'assaisonnement ».
« Ce n'est pas assez relevé » : ça manque d'épices.
Mettre un tablier.
Faire (nettoyer), ranger la vaisselle.
Mettre sur le feu, laisser cuire à petit feu / à feu doux.

Quelques expressions

Passer à la casserole : faire subir une épreuve désagréable à quelqu'un.
Être cuit : être fini (« les carottes sont cuites »).
Faire bouillir la marmite : contribuer à la subsistance d'un ménage.
« Mais qu'est-ce qu'il mijote ? » : mais qu'est-ce qu'il est en train de manigancer.
Mettre les pieds dans le plat : faire preuve de maladresse.
« Il nous a drôlement assaisonné » : la réprimande fut très forte et violente.
Employer quelqu'un à toutes les sauces : lui faire faire des tas de choses.
« Ça vient comme un cheveu sur la soupe » : arriver de façon inopportune.
Être trempé comme une soupe : autrefois (XIIIe siècle) soupe : tranche de pain que l'on arrosait de liquide chaud.
La vengeance est un plat qui se mange froid : il faut savoir attendre son heure pour passer à l'action.
Avoir du bol : être veinard / chanceux.

VOCABULAIRE MENTIONNÉ DANS LES DIALOGUES / COMMENTAIRES D'IMAGES

Page 116 :
Le traiteur est celui qui prépare des repas à emporter chez soi.

Page 117 :
« Tout est raté » : tout est fichu / tout est à l'eau.

Page 122 :
« Se mettre à table » : dire ce que l'on sait.

Expressions autour du thème des ingrédients pour la cuisine, extension lexicale
« C'est une grosse huile / grosse légume » : c'est quelqu'un de haut placé.
« Ça baigne dans l'huile » : ça marche très fort.
« Ce n'est pas la crème » : pour qualifier le niveau social de certaines personnes.
« Il a mangé son pain blanc » : c'est maintenant que les difficultés commencent pour lui.
Rouler quelqu'un dans la farine : le duper.
En faire tout un fromage : en faire toute une histoire.
Avoir la frite / la châtaigne – Être frais comme un gardon : Être en pleine forme.
Gagner son bifteck / sa croûte : gagner de quoi subsister et se nourrir.
Avoir un succès bœuf : avoir un grand succès.
« Ce n'est pas du gâteau » : chose difficile / hasardeuse.
« C'est la fin des haricots » : il n'y a plus rien à espérer.
Quelle salade ! / Raconter des – : raconter des histoires à dormir debout.
Pédaler dans la semoule / la choucroute : être désemparé / ne plus savoir comment s'en sortir.
Casser du sucre sur le dos de quelqu'un : dire du mal de lui en son absence.
Tourner au vinaigre : tourner mal.

Quelques dénominations péjoratives / métaphoriques pour désigner des individus à l'aide de produits alimentaires
Pour désigner la tête :
– les fruits :
    la poire : « Quelle poire ! », « Tu te fous / fiche de ma poire ? »
    la pomme : « Et ma pomme alors ? » et moi ?
    la fraise : « Il faut toujours qu'il ramène sa fraise celui-là ! »
    la cerise : « Tu en fais une drôle de cerise ! »
    la banane : « Quelle banane ! »
    la noix : « C'est une véritable noix ! »
    la figue : Se payer la figue de quelqu'un.
– les légumes :
    la pomme de terre : « Quelle patate ! »
    le navet : « C'est un navet ! » il est bon à rien.
    la citrouille : « Il en a une citrouille celui-là ! »
Pour désigner des individus ou partie d'individus
    le cornichon : « C'est un vrai cornichon ! » c'est un imbécile.
    la courge : « C'est une véritable courge » une idiote.
    l'œuf : « Mais quel œuf ! » quel sot !
    la nouille : « Quelle nouille ! » quel benêt !
    l'andouille : « C'est une véritable andouille ! »
– les animaux :
    le pigeon : une personne qui se laisse facilement berner.
    la bécasse : pour désigner une jeune femme écervelée.
    l'oie : qualifie une femme sotte.
    le dindon : être le dindon de la farce (celui qui s'est fait avoir).
    la mauviette (l'alouette) : une personne fragile qui pleure souvent.

LE SAVIEZ-VOUS ?

Consommation des Français pour les fêtes de Noël 1989
Chiffres Paridoc qui rassemble 70 hypermarchés sous l'enseigne Mammouth (comestibles de luxe) :

caviar : 7 tonnes	homards vivants : 40 tonnes
foie gras : 600 tonnes	homards congelés : 50 tonnes
œufs de saumon : 4 tonnes	dindes : 800 000 tonnes
saumon fumé : 1 300 tonnes	bûches de Noël : 2 millions d'unités
gambas : 50 tonnes	chocolat : 5 500 tonnes

Consommation d'aliments en France par habitant (en 1987)

Viande : 108,2 kg (R.F.A. / 103,5)
Beurre : 8,9 kg
Escargots : 1er consommateur mondial (30 000 tonnes / an)
Œufs : 256 par an (R.F.A. : 272)
Fromages : 19,30 kg (1er rang mondial) / Italie : 15 kg
Pain : 67,28 kg
Vins courants : 63,52 litres
Fruits frais : 36,09 kg

L'industrie agro-alimentaire en France

Quelques chiffres (1988)
Chiffre d'affaires global : 563 milliards de F
Salariés : 392 000
Exportations : 102,6 milliards de F
Importations : 77,3 milliards de F

Les plus grosses sociétés en France (1986)

1er B.S.N. : chiffre d'affaires : 33,6 milliards de F / 42 000 employés (marques : Danone, Blédina, Amora, Evian, Kronenbourg ...) / 4e rang mondial.
2e Sucre et Denrées : chiffre d'affaires : 19,9 milliards de F / effectifs : 5 800
3e Sodima : 14,6 milliards de F / effectifs : 7 444
4e Saint-Louis : 14,5 milliards de F / effectifs : 7 988

Quelques sociétés de prestige

Perrier : chiffre d'affaires : 9,5 milliards de F / effectifs : 17 804 employés
Besnier (camemberts) : chiffre d'affaires : 8,3 milliards de F / effectifs : 5 745 persones
Bongrain (les conserves) : 4,5 milliards de F / effectifs : 6 887 personnes
Pernod-Ricard : chiffre d'affaires : 10 milliards de F / effectifs : 10 009 personnes (n° 1 européen des vins et spiritueux / n° 8 mondial).
L.V.M.H. (Louis Vuitton Moët Hennesy) : chiffre d'affaires : 13 milliards de F / effectif : 12 355 (1re multinationale du luxe).

Remarques sur les règles de civilité à table

Apparition de la fourchette collective au XVe siècle puis individuelle à la fin du XVIIe.
L'assiette était dénommée « tranchoir », permet de déposer la viande que l'on va découper.
À partir du XVIe siècle apparaît le couvert individuel ; le service de table évolue : on ne se sert plus soi-même, on est servi.
Usage de la fourchette et de la cuillère pas très assuré avant le XVIIIe siècle.
Propreté des mains : exigée dès le XIIe siècle car plat collectif unique.
L'attitude à table : ne pas mettre les coudes sur la table (dès le XIVe siècle).
Ne pas avaler de trop grosses bouchées, il faut se tenir droit et ne pas « branler » les jambes.
Ne pas trop remplir sa bouche.
Au XVIIIe siècle généralisation du verre personnel.

PROPOSITIONS D'EXERCICES

Jeu sur les productions régionales fromagères à l'aide d'une carte.
Faire composer un menu typiquement français.
Jeu sur les productions vinicoles régionales du type : porter sur une carte de production des vins des indications erronées et les faire rectifier.

ÉPISODE 11 / **LE SAC À MAIN**

APPRENTISSAGE

OBJECTIFS LINGUISTIQUES	OBJECTIFS CULTURELS
Lexique : d'ordre général	Prendre un taxi
Grammaire : Le passé composé Auxiliaire « être » ou « avoir » ? L'accord du participe passé Révision des adjectifs possessifs	Où s'adresser en cas de perte d'un objet ? Les papiers d'idendité
Actes de parole : Raconter des événements passés	

SENSIBILISATION

GRAMMATICALE	LEXICALE
	Les adjectifs qualificatifs appréciatifs

CONTENU DES SÉQUENCES VIDÉO   POUR EN SAVOIR PLUS

Le passé composé : avoir ou être ? Adjectifs possessifs : mon, ton, son, votre	Les taxis en France Déclaration de vol

1. Dialogues et savoir dire

a) Présentation de l'épisode

Françoise, envoyée à Cannes par son directeur, oublie son sac à main dans un taxi.
Situer Cannes sur une carte et présenter la ville dans ses grandes lignes.
L'étude du passé composé (formes et emploi) constitue l'élément grammatical essentiel de cet épisode. Les séquences « À l'aéroport » et « À la police de l'air » authentifient la présentation de ce temps et illustrent l'une des situations dans lesquelles son emploi se justifie : raconter des événements passés.

b) Afin de permettre une compréhension plus rapide lors du premier visionnement, commencer par l'**étude du passé composé**, avec le livre p. 130 à 132.

c) Visionnement intégral du film

S'assurer de la compréhension globale par quelques questions induisant l'emploi du passé composé.

d) La séquence grammaticale vidéo vient renforcer l'étude commencée en phase b). Les exemples extraits du film illustrent bien le cas d'emploi du temps étudié.

e) Visionnement segmenté par unités de lieu jusqu'à l'image n° 10 (selon la démarche habituelle).
Interrompre le visionnement à la fin du paragraphe n° 9. Faire mimer la scène du taxi et demander

73

ensuite aux participants de récapituler les différentes actions, l'emploi du passé composé s'imposant alors. (Elle a posé son sac ...).

Reprendre le visionnement jusqu'à la fin, cette dernière séquence permettant la révision des adjectifs possessifs « mon, son, votre ».

f) Visionnement de la séquence grammaticale vidéo « **Les adjectifs possessifs** ».

Poursuivre avec la partie correspondante du livre p. 132 n° 3.

Les adjectifs possessifs ayant été étudiés dans les épisodes n° 7 et n° 9, on en fera ici une révision générale qu'on consolidera par les exercices structuraux.

g) Écouter la cassette audio sans le support du texte et faire rechercher les formes du passé composé ainsi que l'infinitif des verbes concernés.

h) Proposer, cette fois-ci, les **exercices de compréhension** pp. 86-87-88 du cahier d'exercices avant la lecture.

i) Lecture dialoguée

Durant cette activité, faire relever et justifier l'emploi de tous les adjectifs possessifs et préciser le vocabulaire qui n'aurait pas été compris.

j) Exercices structuraux pp. 88-89 du cahier d'exercices.

k) En phase finale, demander aux participants de **résumer l'épisode** oralement ou par écrit. L'emploi du passé composé, pour relater ces événements passés, s'imposera tout au long de l'activité et permettra de consolider les nouvelles acquisitions.

2. Savoir vivre

Les textes des pages 133 à 135 constituent un apport de connaissances pratiques.

a) Taxi !

Les informations ne présentent aucune difficulté, le lexique étant connu dans sa majorité.

Situer les départements nommés en expliquant le découpage administratif de la France (régions, départements, etc.) puis faire calculer le coût de quelques courses en taxi...

b) Objets trouvés

c) Vos papiers !

Introduire le vocabulaire des différentes pièces d'identité en présentant, si possible, des spécimens authentiques.

3. Faisons le point

Tests p. 136, 137.
Exercices proposés de la partie « Ouvertures » p. 72.

4. Ouvertures

VOCABULAIRE THÉMATISÉ

Se déplacer en taxi (émissions 1).
Voyager / faire un voyage (émissions 1 et 4).
Faire une déclaration de perte / vol d'objet.
Aller chercher quelqu'un / accueillir -.

SE DÉPLACER EN TAXI

Quelques rituels de conversation

Taxi : abréviation de « taximètre ».

« Pourriez-vous m'indiquer où se trouve la prochaine station de taxi ? »

« Appelez-moi / commandez-moi un taxi ! »

« Vous avez le numéro de la centrale des taxis ? »

« Est-ce que vous pouvez m'emmener à la gare / rue ... ? »

« Vous êtes libre ? »

« Désolé, je suis occupé ».

« Je suis très pressé(e), j'ai un avion à prendre ».

« Tâchez d'éviter les embouteillages ».

« Combien je vous dois pour la course ? »

« Est-ce que vous pouvez m'établir une facture ? »

« Combien ça fait ? Faites-moi voir votre compteur ».

« Gardez la monnaie / Tenez, c'est pour vous ».

ACCUEILLIR UNE PERSONNE

Quelques rituels de conversation

« Vous avez fait bon voyage ? »

« Le voyage n'a pas été trop pénible / long / ennuyeux / désagréable ? »

« Bienvenue à ... / Je vous souhaite la bienvenue ».

« Souhaitez-vous vous rafraîchir ? »

FAIRE UNE DÉCLARATION DE PERTE / VOL

Vocabulaire usuel

Aller au commissariat.

Voler : on a volé ma valise ; le voleur.

Porter plainte.

Quelques mots d'argot pour voler : piquer, barboter, chiper, faucher.

Remplir une déclaration de vol / perte.

Décrire les circonstances de la perte.

Nommer les témoins oculaires.

Quelques expressions

Être verni / Avoir du bol : avoir de la chance.

Faire le taxi : servir de chauffeur.

Avoir un vocabulaire de chauffeur de taxi : utiliser des expressions ordurières.

« Tu m'as encore piqué mon stylo » : prendre / emprunter au sens amical.

Se faire plumer : se laisser détrousser.

Il est fréquent d'en appeler à Saint-Antoine de Padoue pour retrouver un objet.

Chaparder : commettre un petit larcin.

Extension lexicale / vocabulaire du vol

Voler, cambrioler.

Vol, cambriolage, agressions / forme de délinquance.

Catégories de vol

Vol à la roulotte : à l'intérieur des voitures.

Vol à la tire : les pickpockets.

Les cambriolages : vol par effraction.

Cambrioler (de l'argot « cambriole » : chambre) : dévaliser une maison / un appartement en y pénétrant
    par effraction.

LE SAVIEZ-VOUS ?

Contrôle d'identité

Les étrangers doivent établir la régularité de leur séjour en France (visa d'entrée sur le passeport).

La vérification des cartes de travail est un abus de droit.

Interpellation : il faut exiger de la personne qui vous interpelle sa carte de police et refuser de lui montrer vos papiers si elle refuse.

Fouille d'un véhicule : assimilée à une perquisition, elle ne peut être accomplie que par un fonctionnaire habilité à exercer cette tâche par sa fonction (douanier ...).

Quelques chiffres :

Vols à main armée en 1984 : 7 661.

Vols : 78 % sans violence.

Cambriolages : 436 435.

Vols grands magasins : 1 100 millions de F.

Vols autoradios : 400 000 (soit 1 appareil sur 5).

Taxis

Nombre de taxis en France : 25 551.

Nombre de taxis à Paris : 14 300.

Nombre moyen de prise en charge journalière : 18.

Nombre de voyageurs transportés par jour : 300 000.

Coût officieux de la cession d'autorisation : 100 000 / 110 000 F.

Parcours moyen / jour : 150 km dont 50 à vide (soit 42 000 km / an).

Nombre de stations à Paris : 550 (4 500 places).

Nombre de chauffeurs à Paris : 17 500 (dont 1 000 femmes).

Les policiers en civil chargés du contrôle de la réglementation des « voitures de place » sont surnommés dans le jargon des chauffeurs de taxi les « Boers » (amalgame entre le mot néerlandais et le mot argotique français désignant les policiers en civil : « les bourres »).

PROPOSITIONS D'EXERCICES

Jeu de rôles pour une déclaration de vol avec un témoin.

Contrôle d'identité par un agent de police.

Faire décrire un vol par un témoin oculaire.

ÉPISODE 12 / **ALLÔ DOCTEUR ...**

APPRENTISSAGE

OBJECTIFS LINGUISTIQUES	OBJECTIFS CULTURELS

Lexique : Vocabulaire thématique :
    – les différentes parties du corps
    – logements et annonces immobilières
 	
Grammaire :
 	
Actes de parole : Expliquer au médecin où l'on a mal
    L'heure exacte
    L'heure approximative
	Trouver un médecin
	
	La Sécurité Sociale
	
	Petite histoire du meuble français

SENSIBILISATION

GRAMMATICALE	LEXICALE
	Les verbes de la santé, la maladie

CONTENU DES SÉQUENCES VIDÉO	POUR EN SAVOIR PLUS
Le corps humain : organes externes, organes internes	La médecine en France Le mobilier français de style

1. Dialogues et savoir dire

a) Présentation de l'épisode

Françoise garde 2 fillettes qui tombent malades. Elle appelle le médecin...

b) Commencer par la partie n° 2 p. 143 qui offre l'occasion de pratiquer une **révision globale de l'heure** et des expressions de temps « À quelle heure ? Dans combien de temps ? ... »

c) Visionnement intégral du film.

d) Proposer aussitôt les **exercices de compréhension** pp. 94-95-96 du cahier d'exercices afin d'apprécier la rapidité et la qualité d'interprétation des apprenants à ce stade final de la méthode.

d) Visionnement de la séquence fonctionnelle « **J'ai mal à ...** » qui présente les différentes parties du corps humain : 1) Organes externes ; 2) Organes internes. On a ici l'essentiel de l'apport lexical de cet épisode.
En consolider l'acquisition par l'étude de la p. 144 n° 3.
On pourra parler brièvement de Rodin et présenter éventuellement une autre reproduction du « Penseur ».
Proposer quelques jeux de rôle sur le thème médecin / malade pour faire réinvestir le nouveau lexique.

e) Écouter la cassette audio sans le support du texte.

f) Lecture dialoguée et explication du vocabulaire encore incompris.

g) Second visionnement au cours duquel on s'intéressera plus particulièrement aux expressions et comportements des personnages (insouciance de Françoise puis panique, mauvaise conscience et gêne face aux parents, perplexité de ceux-ci...).
Faire reconstituer les dialogues des paragraphes 10 à 12 puis inciter les participants à commenter librement l'épisode ...

h) Faire rédiger ensuite un **résumé écrit** et / ou proposer trois résumés différents de l'épisode. Les comparer, déterminer le plus fidèle et en faire justifier le choix.

i) Terminer par la partie « **Appartements** » p. 142 avec déchiffrage des petites annonces, lecture des plans et jeux de rôle (propriétaire et locataire potentiel lors d'une visite d'appartement).
Faire rédiger des annonces de recherche de logement : maison, pavillon, appartement (révision du vocabulaire de l'épisode n° 7) puis proposer l'activité suivante : demander à un participant de décrire la topologie de son appartement, les autres en dessine le plan au fur et à mesure des informations. Comparer ensuite les différentes productions, les commenter et apporter les rectificatifs nécessaires.

j) Terminer par les **exercices structuraux** pp.96-97 du cahier d'exercices.

2. Savoir vivre

a) Allô docteur !

Après la lecture du texte, expliquer le vocabulaire thématique (rembourser, cotisation, prélever, assuré).
Poser quelques questions de compréhension générale.
Il serait intéressant, pour illustrer le système français de la Sécurité Sociale, de présenter une feuille de soins, d'en expliquer les différentes rubriques ainsi que la pratique des vignettes puis de faire remplir un formulaire international E 101 de la Sécurité Sociale qu'on se sera procuré auparavant.

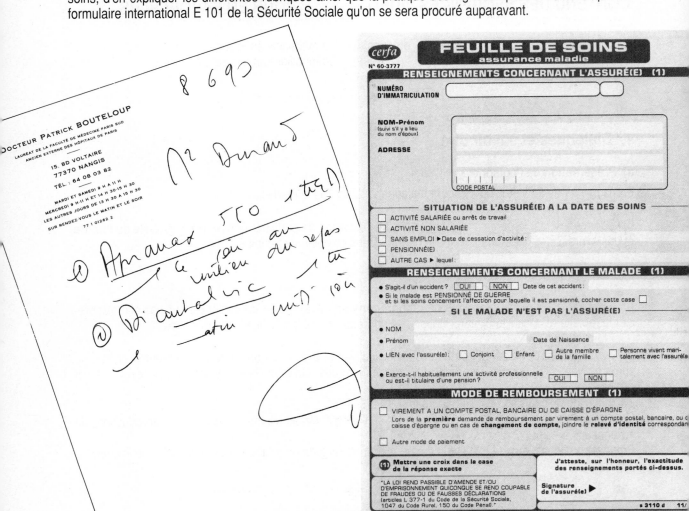

b) Petite histoire du meuble français

Lire les textes puis expliquer le nouveau vocabulaire abondant et spécifique en se référant à la frise chronologique et aux photos.
Terminer par l'exercice « Entraînez-vous » p. 147.

3. Faisons le point

Tests pp. 148, 149.
Exercices proposés de la partie « Ouvertures » p. 76.

4. Ouvertures

VOCABULAIRE THÉMATISÉ

Tomber malade : appeler le médecin.
Recherche d'une baby-sitter.

ÊTRE MALADE / LA MALADIE

Vocabulaire usuel
Avoir mal quelque part.
Faire mal : « Ma jambe me fait mal ».
Prendre la température / avoir de la - (avoir de la fièvre).
Se porter bien / mal / pas trop mal.
Attraper un rhume / prendre un - ; Attraper froid / prendre -.
Accident : être blessé au cours d'un -.
Subir une opération d'urgence.
Opérer quelqu'un.
Appeler l'ambulance.
Téléphoner à l'hôpital.
Appeler le médecin / la pharmacie de garde.
Se faire renverser par une voiture en traversant la rue.
Être assuré / - pris en charge par l'assurance.
Le malade / le patient.
Garder la chambre / ne pas sortir / garder le lit.
Écrire une ordonnance / prescrire des médicaments.
Ausculter le malade.
Régler les honoraires du médecin.
Avoir mal à la tête / une migraine.
Avoir une intoxication alimentaire.

Quelques rituels de conversation
« Il est tout pâlot, il n'est pas très en forme ».
« Il n'est pas en très bonne santé, ces derniers temps ».
« Comment vous portez-vous ? / Je me porte bien / mieux ».
« Est-ce que c'est très grave ? »
« Où avez-vous mal ? »
« Ressentez-vous des douleurs ici ? »
« Est-ce que ça vous fait mal quand j'appuie là ? »
« Ça fait longtemps que vous avez ces douleurs ? »

Quelques expressions
Ne pas être dans son assiette : ne pas se sentir très bien.
Se faire porter pâle : simuler la maladie pour ne pas aller au travail.
Avoir les jambes en coton / en compote.
Être barbouillé : avoir des nausées.

Être flagada / flapi : être sans force, fatigué.
« Tu n'es quand même pas à l'article de la mort ! »
« Il se porte à merveille ! »
Tomber dans les pommes : s'évanouir.

ÊTRE BABY-SITTER

Vocabulaire usuel
Faire du baby-sitting.
Chercher une jeune fille pour garder les enfants.
Une baby-sitter : personne qui, moyennant une rétribution, garde à la demande, des enfants en l'absence
    des parents.

Quelques mots de vocabulaire inhabituels pour désigner les parties du corps humain
La tête / figure : voir émission 10.
Le ventre : la brioche.
Les oreilles : avoir les oreilles en chou-fleur / les escalopes / les portugaises.
La peau : la couenne.
La cuisse : le gigot / le jambon.
Les fesses : les miches.

LE SAVIEZ-VOUS ?

La médecine en France
Quelques noms de métiers :
    infirmier, aide-soignante, l'interne de garde
    le gastro-entérologue
    l'anesthésiste / l'orthopédiste
    le radiologue / le gynécologue.
Quelques abréviations :
    C.H.U. : centre hospitalo-universitaire.
Quelques noms de maladie :
    une hémorragie cérébrale
    rhumatisme
    infarctus
    grippe
    bronchite
    angine
    hépatite
Assistance Publique, quelques chiffres :
    Deuxième entreprise de France (après l'Éducation nationale).
    700 000 agents répartis en 80 statuts.
    160 milliards de F de budget.
    500 000 lits.
    240 000 aides-soignants et agents d'entretien.
100 000 médecins libéraux.
Une officine de pharmacie pour 2 600 habitants.
Dépenses de santé (chiffres 1987) :
    hôpitaux : 158 milliards de F
    pharmacies : 74 milliards de F
    honoraires : 72 milliards de F
    cliniques : 46 milliards de F
    dentistes : 28 milliards de F
    laboratoires : 18 milliards de F.

Le mobilier français
Un meuble d'époque est un meuble construit au cours de l'époque concernée.
Un meuble de style est un meuble qui a un style particulier mais il n'est pas forcément d'époque.

Boulle : maître ébéniste (1642-1732) il perfectionne le procédé de la marqueterie d'écaille, de cuivre et d'étain, venu d'Italie et ajoute d'autres matériaux (corne colorée, nacre, ivoire ...).

La marqueterie : assemblage décoratif de morceaux de bois rares ou autres matériaux (nacre, ivoire, ...) appliqués par placage sur un fond de menuiserie et représentant des paysages ou des motifs géométriques.

Un meuble de maître est en général signé.

Les antiquaires sont les spécialistes de la vente d'objets anciens de valeur.

Quelques compléments

Style Régence : entre styles Louis XIV et Louis XV (meubles plus légers et moins rigides. Plaqués de bois précieux : palissandre, bois de violette, bois de rose). Innovation importante : le chantournement (les formes concaves et les formes convexes alternent).

Meuble de référence : les commodes « tombeau ».

Style Louis XVI : entre Louis XV et Directoire (lignes droites, sobriété et simplicité, bois clairs : citronnier et amarante et placage d'acajou).

Meubles de référence : le chiffonnier et le semainier (à 7 tiroirs), table bouillotte et demi-lune, secrétaire à abattant et bonheur du jour, fauteuil Bergère.

Style Directoire et Consulat : mêmes types de mobilier surtout en acajou aux motifs républicains ou égyptiens.

Meubles de référence : fauteuil Jacob.

Style Napoléon III et IIIe République (entre Restauration et Modern Style) : très hétérogène, s'inspire des styles passés.

Meubles de référence : fauteuils crapaud, causeuse, poufs ...

Quelques expressions

« Sauvez les meubles » : sauver le minimum.

« Être dans ses meubles » : être chez soi.

PROPOSITIONS D'EXERCICES

Faire reconnaître les styles de meubles reproduits sur des gravures.

Simuler un entretien entre un médecin et son patient (cf. Le docteur Knock)

ÉPISODE 13 / **FOOTBALL**

APPRENTISSAGE

OBJECTIFS LINGUISTIQUES	OBJECTIFS CULTURELS

Lexique : Vocabulaire thématique :
  – un match de football
  – les couleurs
 	
Grammaire : Passé, présent, futur
  Révision générale sous forme de tests
 	
Actes de parole : Révision générale sous forme de tests
	Aller dans un stade
	Le sport à la française

SENSIBILISATION

GRAMMATICALE	LEXICALE
Le pronom relatif « qui » Le discours indirect	Le vocabulaire sportif : le football

CONTENU DES SÉQUENCES VIDÉO   POUR EN SAVOIR PLUS

Passé – Présent – Futur Les couleurs	Les sports en France : quelques chiffres

Ce dernier épisode permet de faire le point des acquisitions générales en proposant, après le texte des dialogues, un ensemble d'exercices récapitulant les principales notions grammaticales étudiées : « Vous connaissez », quelques mises en situation : « Vous savez » et pour conclure, des dessins illustrant les parties « Savoir vivre », à commenter…

1. Dialogues et savoir dire

a) Présentation de l'épisode
Vincent convainc Françoise de l'accompagner à un match de football…

b) Commencer par une **révision des couleurs** étudiées dans l'épisode n° 8.

c) Visionnement segmenté du film
Images 1 à 4 puis faire résumer la situation.

Images 5 à 8 : visionnement sans le son. Demander aux participants de jouer les reporters en essayant de commenter le déroulement du match, le professeur introduisant le nouveau vocabulaire au fur et à mesure des besoins et faisant de nombreux arrêts sur image pour isoler les différentes actions.

Images 5 à 10 : visionnement avec le son.

d) Proposer dès maintenant les **exercices de compréhension** pp. 103-104 du cahier d'exercices.

e) Visionnement de la **séquence fonctionnelle**
« Depuis combien de temps... ? ». Faire pratiquer cette structure dans un jeu de questions-réponses.
« Passé, Présent, Futur proche ». Faire découvrir la formation et les cas d'emploi de ce dernier temps (intention, action à venir prochainement) par le biais d'autres exemples et faire pratiquer dans des exercices oraux.
« Les couleurs » : consolidation des connaissances.

f) Écoute segmentée de la cassette audio, la consigne étant de repérer la réponse à la question posée par le professeur au début de chaque unité. (Ex. : § n° 1 : Pourquoi Françoise accepte-t-elle d'assister au match ? Que précise-t-elle ? → « C'est bien pour te faire plaisir »).

g) Lecture dialoguée
Durant cette phase, relever la question de Vincent (image 4) et la faire simplifier en utilisant le style direct. Noter la transformation de « ce qui » en « Qu'est-ce qui se passe ? » Expliquer la nature et la fonction du pronom relatif « qui » et justifier la conjugaison du verbe qui suit (images 5 à 10).
À l'issue de cette activité, et en répartissant le travail entre les participants, faire relever les verbes du texte en les classant dans un tableau selon le critère de temps : Passé, Présent, Futur proche.

h) Exercices structuraux p. 104-105 du cahier d'exercices.

i) Terminer par un **visionnement intégral** puis faire reconstituer l'épisode à l'aide des images.

2. Faisons le point

Exercices proposés de la partie « Ouvertures » p. 80.
Activités des pages 154 à 159.
La partie « Vous savez » p. 156 à 158 offre de nombreuses possibilités de communication sous forme de jeux de rôle.

3. Pour conclure, on pourra demander aux apprenants de choisir, parmi les treize épisodes, une scène qui leur a plu particulièrement, de préciser les raisons de leur choix et de re-situer cette scène dans le déroulement de l'épisode qu'on fera résumer en employant le passé composé. Inciter les autres participants à intervenir pour demander des précisions, compléter le récit ou donner leur avis sur les événements et les personnages de ce feuilleton, ainsi que leur impression générale à ce stade final de la méthode...

4. Ouvertures

VOCABULAIRE THÉMATISÉ

Le sport : un match de football.
Assister à un match.

PRATIQUER UN SPORT

Vocabulaire usuel
Faire du sport.
Jouer au football, rugby, basket.
Faire de la natation, de l'athlétisme.
Être sportif.
Adhérer à un club / être membre d'un club.
Être supporter d'un club.
Gagner / perdre un match.

Les joueurs : le goal (gardien de but), les arrières, les demis, les attaquants (ailiers, inters et avant-centre).
L'arbitre de touche.
Le corner, le pénalty, le coup-franc.
La mi-temps.
Le score final : match nul, la défaite, la victoire.
L'entraîneur de l'équipe.
Remporter une victoire.
Les tribunes / les spectateurs.
Siffler la fin du match.
Regagner les vestiaires / prendre sa douche.
Le maillot, le short, les chaussures de sport, le survêtement.

Dans un club sportif
Le cardio-training : vélo électronique, tapis de marche, rameur électronique.
La culture physique : aérobic, stretching.
La musculation : les appareils.
La danse : classique, modern jazz, claquettes, rock acrobatique.
Les sports de combat : boxe française, boxe américaine, self-défense.
Les arts martiaux : Kung fu, tae kwon do, kendo, karaté, judo.

Quelques expressions tirées du vocabulaire sportif
Être sur la touche : ne pas être en état de faire quelque chose.
Jeter l'éponge : renoncer.
Être dans les startings blocks : être prêt à se lancer dans une opération.
Franchir la ligne : réussir son entreprise.
Mettre la barre plus haut : essayer quelque chose de plus difficile.
Ne pas manquer de souffle : aller au bout de son entreprise / ne pas être timide.

LE SAVIEZ-VOUS ?

Le parc des Princes
Situé en bordure du périphérique à la Porte de Saint-Cloud, il dispose de 50 000 places assises et abritées.

Le stade Roland Garros
C'est là qu'ont lieu chaque année les Internationaux de France qui accueillent les meilleurs joueurs de tennis du monde.

Le sport en France
Quelques généralités
    1 Français sur 10 pratique un sport de manière régulière.
    Plus de la moitié des sportifs ont moins de 18 ans.
    1 sportif sur 5 est une femme.
    Sportifs licenciés : 11 367 313.
En 1984 :
    football : 1 682 892 licenciés et 22 275 clubs
    judo : 292 076 licenciés et 5 047 clubs
    tennis : 761 089 licenciés et 8 166 clubs
    basket : 364 623 licenciés et 5 031 clubs
    hand ball : 172 056 licenciés et 2 536 clubs.

Quelques disciplines sportives :
    l'athlétisme
    l'aviron
    le cyclisme
    l'escrime

Quelques chiffres / sportifs pratiquants :
    rugby : 2 116 882
    jeu de paume : 572
    quilles : 16 224
    longue paume : 1 364

« Sports » typiquement français :
    la pétanque et le jeu de boules
    la canne
    la paume
    le tir à l'arc

PROPOSITIONS D'EXERCICES

Utilisation de documents authentiques (voir documents joint page suivante).

66 ACTIVITÉS

Activités	Auteuil	Denfert-Rochereau	Grenelle	La Défense	Lafayette	Maillot	Monceau	Nation	Place d'Italie	République	Salle des Champs	Vélizy	Saint-Quentin	Vaugirard	Vaugirard Junior	Lyon - Garibaldi	Lyon - Vaise	Lyon - Victor-Hugo	Dijon	Grenoble	Stuttgart
Cardio-training																					
vélo électronique	•	•	•	•	•	•	•	•	•	•	•	•	•			•	•	•	•	•	•
tapis de marche	•	•	•	•	•	•		•	•	•	•	•	•			•	•	•	•	•	•
tapis de jogging	•	•	•	•	•	•		•	•	•	•	•	•			•	•	•	•	•	•
rameur électronique	•	•	•	•	•	•	•	•	•	•	•	•	•			•	•	•	•	•	•
escalier électronique	•	•	•	•	•	•	•	•	•	•	•	•	•			•	•	•	•	•	•
Musculation																					
musculation aux appareils	•	•	•	•	•	•	•	•	•	•	•	•	•	•		•	•	•	•	•	•
abdo-fessiers	•	•	•	•	•	•	•	•	•	•	•	•	•			•	•	•	•	•	
rubberband		•	•	•	•	•	•	•	•		•	•	•			•	•			•	•
Culture physique																					
culture physique	•	•	•	•	•	•	•	•	•	•	•	•	•	•		•	•	•	•	•	•
aérobic	•	•	•	•	•	•	•	•	•	•	•	•	•			•	•	•	•	•	•
low impact	•	•	•	•	•	•	•	•	•	•	•		•			•	•	•	•	•	•
stretching	•	•	•	•	•	•	•	•	•	•	•	•	•			•	•	•	•	•	•
training forme							•														
chromogym					•																
Relaxation																					
yoga	•	•		•	•	•		•	•		•	•		•		•	•		•	•	
gym douce	•								•									•		•	•
Danse															ACTIVITÉS SPÉCIALES JUNIOR DE 4 A 16 ANS						
danse classique	•						•				•										
base classique		•			•																
barre au sol							•				•										
modern jazz	•	•	•	•	•	•	•	•	•	•	•	•	•			•	•	•	•	•	•
claquettes					•											•	•				
danse de salon			•		•			•	•							•		•	•		
rock	•		•	•	•	•	•	•	•	•		•				•	•	•	•	•	
rock acrobatique		•																			•
danse orientale		•							•												
danse africaine		•							•												
Arts martiaux																					
aïkibudo							•							•							
aïkido		•																			
judo		•						•	•					•						•	•
kendo								•													
karaté	•	•	•		•		•	•	•			•		•		•	•		•	•	•
kung fu		•		•																	
tae kwon do			•		•			•													
tai chi chuan	•																				
viet vo dao														•							
lutte									•												
Sports de combat																					
boxe américaine			•					•	•			•	•								
boxe anglaise						•		•	•			•	•								
boxe française				•		•		•			•			•		•	•	•		•	
boxe thaï									•												
self défense									•				•			•				•	
Sports aquatiques																					
natation	•		•	•			•	•	•							•			•	•	
gym aquatique	•		•	•			•	•	•							•			•	•	
gym évolutive			•	•			•	•	•												
Plein air																					
jogging	•		•	•		•	•	•				•								•	
cyclisme	•																				
planche à voile	•	•	•	•	•	•	•	•	•	•	•	•	•	•							
roller skate				•																	
week-ends plein air	•	•	•	•	•	•	•	•	•	•	•	•	•	•		•	•	•	•	•	•
Sports de balle																					
tennis de table	•		•	•				•	•	•		•					•		•		•
tenkit																					•
badminton				•								•									•
* practice de golf						•														•	•
Détente																					
bains à remous	•	•							•		•					•	•	•	•	•	•
sauna	•	•	•	•	•	•	•	•	•	•	•	•	•			•	•	•	•	•	•
hammam	•		•	•	•	•	•	•	•		•	•	•								•
UVA visage	•	•	•	•	•	•	•	•	•	•	•	•	•	•		•	•	•	•	•	•
*UVA bustier	•	•	•		•	•	•	•	•		•	•									•
*UVA haute pression	•	•	•	•	•	•	•	•	•		•	•	•			•	•		•	•	•
massage électrique											•					•					•
*bar restaurant	•	•	•	•	•	•	•	•	•	•	•	•	•			•	•		•	•	•
conseils diététiques																•	•		•	•	
Préparations spécifiques																					
ski de fond																					•
préparation aux sports d'été et d'hiver (planche à voile, ski nautique, volley, ski...)	•	•	•	•	•	•	•	•	•	•	•	•	•			•		•	•	•	•
Activités junior							•					•	•	•							

* Hors forfait

Index grammatical

Lexique

D : dialogue   SD : Savoir-dire   FP : Faisons le point   • Titres

	D	SD		D	SD		D	SD
A			• approximatif		12	beaucoup	8	
			après	4		beurre		8
à	1		après-midi		3	bibliothèque	12	
accepter		7	arbitre	13		bien	1	
• accès	5		argent	9		bière		8
accompagner	8		argentin(e)		2	bifteck		9
(d') accord	2		arrangé(e)		11	billet	5	
• acheter		4	arranger	10		biscotte		8
• addition		4	(s') arranger (s')	12		biscuit		9
• adjectif		2	arrêt		6	bistrot	9	
adresse		2	(s') arrêter	13		blanc(he)		8
• (s') adresser		10	• (l') arrivée	5		bleu(e)		5
adulte	5		arrivé(e)		11	blouson		8
• adverbe		10	arriver	1		bœuf		9
• aéroport	1		arrondissement	12		boire	3	
• affaire	3		art		4	boîte		4
agence		12	• article		2	bon(ne)	1	
• agent	5		ascenseur		12	bonbon		2
agneau		9	(s') asseoir	10		bonsoir	12	
ah !	1		assez	9		bonjour	1	
aidé(e)	10		assiette		9	• boulangerie		10
aider		11	assis(e)		5	boulevard		4
• ailleurs		1	assisté(e)		11	bourse		12
aimé(e)		11	assister	8		boutique	4	
aimer	8		attendre	5		bout	13	
air		1	attention		8	bras	12	
Air France	1		attraper	13		bu		11
allé(e)		11	au revoir	2		• buraliste	6	
allemand(e)		2	aujourd'hui	9		bureau de tabac		2
aller	1		aussi	1		but	13	
(un) aller	5		autocar	1		• buvette	4	
(un) aller retour	5		autour	13				
aliment		8	• autre	2		**C**		
allô	6		avant		FP			
alors	2		avec		2	c'	2	
américain(e)		2	avenue	4		ça	2	
• ami(e)	4		avion		1	• cabine	6	
ampoule		3	avocat(e)		1	• café		4
ancien(ne)		FP	avoir	1		• cage	7	
anglais(e)		2				cahier		9
animal	5					camembert		9
annonce	12		**B**			campagne		9
apéritif	9					canard	9	
appareil		6	bain	2		car	2	
appartement		12	balcon		12	carafe	9	
appelé(e)		11	balle	13		carotte		9
appeler	8		• ballon	7		carnet		2
(s') appeler		1	banane		9	carré		12
appétit	4		banque		2	carreau		8
apporter		3	bar		2	carrefour		FP
• apprendre		1	beau (belle)	4				

	D	SD		D	SD		D	SD
carte		9	coin	5		crayon	2	
carte d'identité		2	combien	2		crème	8	
• (se) casser	10		comédie	FP		croire	11	
casserole	10		• commande	4		croissant		8
• catastrophe		3	• commander		9	crudité		9
ce (c')	1		• comme		9	cuillère		9
cela	5		commencé(e)	13		culotte	13	
celle-ci	7		commencer		2	cuire	10	
celle-là	8		comment	1		cuisine	10	
celui-ci	7		commerce	FP		cuit(e)	10	
ceux-ci		7	comparer		12			
cent	3		compartiment		5			
central	11		complément		6	**D**		
centre		4	complet	3				
certain(e)		5	• compléter		3	• d'	1	
ces		2	composition		8	dans	1	
cette	4		• composté(e)	5		date		5
• chacun		4	• composter	5		dauphin(e)		9
chambre	2		comprendre		FP	• (se) débrouiller		FP
champignon		9	compris(e)		12	début	12	
chance	1		concombre		9	déclaration	11	
changer	4		Concorde		FP	• décrire		8
charge		12	confiture		8	dehors	1	
charcuterie		9	confort		12	déjeuner	7	
charlotte		9	• conjugaison		4	délicieux(se)		7
charme		12	connaître		8	demain	3	
Chateaubriand		9	conseiller(e)	9		demande		10
chauffage central		12	consulter	5		• demander		2
• chauffeur	1		content(e)	13		demi(e)	3	
• chef	1		• contrôleur	5		• démonstratif		5
chemise		8	correspondre		4	départ	5	
chemisier		8	convenir	8		(se) dépêcher	6	
chèque		2	• conversation		9	dépendre	2	
cher	4		• correspondant		5	depuis	8	
cherché		11	• corps		12	des	2	
chercher	1		costume		8	descendre		11
chéri(e)	12		côte de porc		9	descendue	11	
chèvre		9	côté	11		• description		12
• chez	5		coton		4	désirer	2	
chiffres (1 à 19)		1	couché(e)		13	désolé(e)	6	
chirurgien		1	(se) coucher	12		dessert		9
chocolat		4	couchette		5	• dessin		4
choisi(e)		11	couleur		8	• destination		6
choisir	5		couloir	5		deuxième	4	
chose	4		coup	13		devant		2
cigarette	7		coupé		11	devoir (verbe)	3	
• cinéma	3		couper	10		• dialogue		2
cinquante	4		courir	13		• différent(e)		2
circuler		5	• cours	10		difficile	9	
classe	5		course	8		dimanche		3
• classer		2	cousin(e)		7	dîné	12	
clé (clef)		2	couteau		9	dîner	3	
• client(e)	2		couvert	9		dire		1
coca		4	couverture		3	• directeur	5	
coloris		8	cravate		4	direction	4	

	D	SD
disposer	8	
disque		4
dit(e)		11
dix	4	
docteur	12	
dommage	13	
donné	3	
donner	3	
dos		12
• dossier		1
doucement	10	
douche	2	
droit(e)	4	
drôle	10	
• du	1	

E

	D	SD
eau	4	
écrivain		1
effet (en)	12	
eh !	1	
• élève	10	
elle(s)	1	
(s') embrasser	13	
• employant		FP
• employé		12
• emploi		4
en	1	
enchanté(e)	1	
• encore	4	
• endroit		5
enfant	5	
enlever	3	
ensemble	1	
ensuite	4	
entendre	6	
entrecôte		9
• entre		2
entrée		9
entré(e)		11
entrer	1	
enveloppe	2	
environ		12
• (s') envoler	7	
envolé	7	
envoyer	12	
épaule	13	
épisode	1	
épeler		6
équateur		1
équipé(e)		12
escalope		9
espagnol(e)		2

	D	SD
espérer	11	
essayer		8
est	4	
et	2	
étage		12
état		12
étiquette		8
être	1	
eu(e)	11	
euh !	9	
eux	10	
(s') excuser	6	
exemple		FP
expliqué(e)	13	
• expression		7
exprimer		8

F

	D	SD
(en) face	3	
facile	2	
façon		FP
facture	11	
faim	4	
faire	1	
fait	11	
falloir		3
• famille		7
farine	10	
fatigué(e)	8	
fauteuil	8	
• féminin		1
femme		4
fenêtre	5	
fermé		6
fermer	3	
• fermeture		6
fête		5
feu	10	
feuille	2	
(jeune) fille	1	
fils (fille)	7	
fin	9	
finir	8	
flacon		4
fleur		7
foie	9	
• foire	4	
fois	9	
fond	11	
• football	13	
forain(e)	4	
formé	3	
formidable	8	

	D	SD
fort	6	
foulard		4
fourchette		9
frais		9
fraise		9
franc	3	
français(e)		2
frère	7	
frite	4	
fromage	5	
fruit	4	
fuir		3
fumer		10
fumeur	5	

G

	D	SD
gagné(e)	4	
gala	8	
• garçon	3	
garder	11	
• gare		3
gâteau		9
gauche	4	
gens		7
gentil(le)	13	
gigot		9
glace (miroir)		2
glace		4
goal	13	
gorge		12
gourmand(e)	8	
grand(e)		2
grands-parents		7
gras(se)	9	
grave	12	
grillé(e)		3
gris(e)		8
grec(que)		2
guichet	4	
• guichetier	5	

H

	D	SD
habiter		1
hall	3	
haricot		9
haut(e)	13	
hein !	8	
herbe	13	
heure	1	
homard	9	
• (jeune) homme	1	

	D	SD		D	SD		D	SD
• horaire		3	**L**			manger	4	
• hors-taxes		4				• manière		10
hôtel	1		la, le, l', les (article)	1	3	manquer	4	
hôtelier		8	là, là… !	5		manteau		8
hôtesse	1		la, le, l' (pronom)			maquillage	8	
huile		9	laine		8	• marchand(e)	4	
			là-bas		8	marché	4	
			laissé(e)		11	marcher		3
I			laisser	6		mardi		3
			lait	8		marque		2
ici	1		langue	12		marqué(e)	13	
idée	3		lapin		11	• masculin		1
(carte d') identité		2	laurier	10		matin	3	
il(s)	1		lavabo		3	match	13	
• imaginer		3	leur(s)		7	mauvais	5	
• immobilier		12	légume	9		me (m')		1
indication		2	lesquels	5		• médecin		10
indiquant		6	lever	13		mélanger	10	
• indiqué(e)		4	• lexique		3	• même		1
indiquer		2	libre	3		mensuel		12
(s') inquiéter	10		• lieu		4	• menu		9
instant	3		ligne	5		mer	11	
intérieurement	8		lire	9		merci	1	
• interrogation		10	liste (des prénoms)		6	mercredi		3
• interruption		6	lit		2	• mère	5	
intoxication	12		livre		10	mes	5	
• invitation	7		loin	13		message	6	
invité(e)		FP	• lors	5		messieurs	3	
inviter	8		lot	4		mètre carré		12
italien(ne)		2	• loterie	4		métro		2
			louer		12	mettre	10	
			lourd(e)		12	meublé		12
J			lui	6		midi		1
			lundi		3	milieu	13	
j'(e)	1		lunettes		2	mille		5
jambe	12		• luxe	8		minuit		1
jambon		9				minute	6	
• jardin	7					mis(e)	10	
jaune		8	**M**			modèle		8
jeudi		3				moi	3	
jeune (fille)	1		ma	7		moins		3
joué	11		madame	1		mois (de l'année)		5
jouer	4		mademoiselle	1		mon		2
joueur	13		magasin		3	monde	10	
jour	2		maigrir		10	monnaie	11	
journaliste		1	main		FP	monsieur	1	
journée	8		mais	1		montagne	11	
julienne		9	• maison		6	monter	8	
jupe		8	• maître	9		• montrant	7	
jus	4		mal	6		(une) montre		4
juste		12	malade	12		montrer	1	
justice		4	maman	7		monument		FP
			mangé	12		• mot		6
						mouchoir		2
						musée		4

N	D	SD
• nationalité		2
ne ... pas	1	
• négatif(ve)		FP
• négativement		2
net		12
noir(e)		8
nom		6
• nombre 12 à 201		4
200 à 3 000		5
• nombreux		5
non	1	
note		5
• noter		1
nous		1
nuit		2
numéro	2	
numéroté(e)	13	

O	D	SD
• objet	2	
• observer		1
occupé(e)		FP
occuper	12	
œil (yeux)		12
œuf		9
offert		11
officiel(le)		6
offre		12
offrir	4	
oh !	3	
oiseau	7	
olive	10	
on	3	
oncle		7
orange		4
• ordre		3
oreille		12
oreiller		3
où		4
ou		1
oublié	7	
• oublier		7
ouf	9	
oui	1	
ouvert(e)		3
• ouverture		3
ouvrir		3

P	D	SD
page		FP
pain		8
palais		4
panne		3
panneau		5
pantalon		8
papa	10	
papeterie		2
papier	2	
paquet	8	
• parc	13	
parent		7
• parenthèse		7
parfum		4
parfumerie		2
parking		12
• parlé		FP
parler	6	
part		6
particularité		5
parti(e)		11
partie (nom)		12
• partitif		FP
partir	1	
• (à) partir		8
pas	1	
• passant(e)		4
passé		5
passer		6
• passé composé		11
pâté		9
pâtes		9
pâtisserie		2
patron		8
paupiette		9
payé	11	
peigne		2
peine	12	
pièce		12
penseur		12
• perdre		7
perdu	4	
père		7
période		5
permission		8
• personne		1
• personnel	1	
• petit(e)		3
petite cuillère		9
petit pois		9
peu	9	
peur	11	
peut-être	10	

	D	SD
pharmacie		2
pharmacien(ne)		1
photo	1	
photographe		1
• phrase		3
pièce (d'identité)	11	
pied	13	
pilote		1
pintade		9
placard		12
place	4	
• (se) plaindre		FP
plaire	1	
plaisir	7	
plan	2	
• plat(e)		9
plein(ne)		5
plissé(e)		8
plu (plaire)		11
• pluriel		2
plus		4
point		FP
poire		9
poisson		9
poivre		9
poivré(e)		10
poli(e)	6	
police	11	
• policier	11	
pomme		9
pomme de terre		9
pont		4
porc		9
porte	4	
portefeuille		5
porter	8	
posé	11	
• poser		1
• possible		1
possessif		7
possibilité		8
• poste		3
poste de police		11
potage		9
poteau		13
poulet		9
pour	1	
pourboire	9	
pouvoir		4
pré		FP
précis(e)		12
premier(e)	4	
prendre	3	
(liste des) prénoms		6

	D	SD		D	SD		D	SD
préparé	10		• raison		FP	rose (adjectif)		8
préparer	10		ramener	5		rôti		9
près	9		ranger	8		rouge		8
• présentation		1	(se) rappeler	6		rue	4	
présenter	1		rapporter	5				
prestation	5		raté	10				
prêt(te)	2		ravi	10		**S**		
prêter	9		récent		12			
prévenir		11	réception		3	sa	6	
prévenu		11	• réceptionniste	2		sac		2
prier		8	recevoir	8		sage	11	
prince	13		recommander	13		saint(e)		4
• principal		9	• reconnaître		9	salade		9
pris(e)	11		reculer	13		salaire	9	
prix	5		réduction	5		salé(e)		10
problème	3		• refaire		6	salle		2
prochain(e)	9		réfrigérateur		3	salle d'eau		12
produit	5		• refus		FP	salle de bains		2
professeur		1	refuser		7	salle de séjour		12
• pronom		1	regarder	2		• salon	7	
propos	12		région	5		samedi		3
• proposé(e)		6	regretter	11		sang	9	
• proposer		7	(se) relever	13		sans		6
PTT		6	remercier		8	satellite		6
puce	4		remettre	3		saucisse	4	
puis		4	• remplacer		6	saucisson		9
pull		8	remplir		3	sauf		5
purée		9	renard		4	savoir	1	
			• renseignement		11	se (s')	1	
Q			rendez-vous	3		seconde	5	
			rentrer	3		• secrétaire	6	
quai		4	réparer		3	(salle de) séjour		12
quand		1	reparti(e)		11	sel		9
quarante	4		repartir	11		semaine		5
quart		3	• repas		9	• semblable		3
quartier		12	repasser	13		sentier		12
quatre-vingt	4		• répondre		2	sentir	5	
que (qu')		1	• réponse		4	servi(e)		11
quel(le)		1	• reportage		7	service	8	
quelque	4		réservation	5		serviette		9
quelque chose	4		réservé(e)	3		servir	8	
quelqu'un	12		réserver		8	seul	1	
qu'est-ce que	1		• responsable	11		si	8	
• question		1	restaurant	3		• siège	11	
qui		1	resté(e)		11	siffler	13	
qui est-ce ?		1	rester	7		• singulier		2
quitter	6		retard	6		simple	5	
quoi		7	• retour	5		sinon	12	
			retrouvé(e)	11		• situer		FP
			• retrouver		FP	• SNCF	5	
R			revenir	3		sœur		7
			(au) revoir	2		soie		4
raconter	7		rien		8	soif	4	
radio		1	riz		9	soir	3	
			rose (nom)		7	soirée	12	

	D	SD		D	SD		D	SD
soixante	4		tenir	3		valable	5	
soixante-dix	4		terrain	13		valeur	4	
soleil		2	terre	13		valise	8	
solution	10		tête	12		valoir	4	
sommelier	9		• texte		12	• vendeur(se)	5	
son		6	T.G.V.	5		vendredi		3
(une) sortie	10		thé		4	venir		3
sorti(e)		11	théâtre		4	ventre	12	
sortir	2		thym	10		venu(e)		11
S.O.S.	12		ticket		2	• verbe		2
• souligné		6	timbre	2		verre	3	
• souvenir		4	tirer	12		vers	12	
stade	13		toi	3		verser	10	
stage	2		tomate		9	vert(e)		8
stagiaire	1		• tomber	10		veste		8
• standardiste	6		• ton		11	• vestiaire	10	
• station	4		toque	10		vêtement		FP
studio		12	• tour		3	via		5
stylo		2	tournedos		9	viande		9
sucre	8		tourner		4	vide		3
sucré		10	• tous	4		vin	9	
• suite		3	• tout(e)		1	vinaigre		9
• suivante		2	train	5		vingt	3	
• sujet		1	• traîteur	10		vingtaine	5	
superbe	7		tranquille	12		visiter	5	
supplément		5	• transformer		10	vite	1	
• sur	7		travail	8		vogue		4
sûr(e)	5		travaillé		11	voilà	1	
			travailler	1		voir		5
			trente	4		voiture		2
T			très	7		voiturier	2	
			tribune	13		vol		6
			(se) tromper		6	volaille		9
ta	3		• trône	4		volé	11	
tabac		2	trop	6		votre		6
table	7		• trouver		2	vouloir	2	
tableau	5		tu		1	voulu		11
taille		8	TV		2	vous	1	
tailleur		8				voyage	1	
tante		7				• voyageur		FP
tard	3		**U**			vu(e)	5	
tarif	5					vue	9	
tarte	8		un(e)	1				
taxi	1		uni(e)		8	**W – X – Y – Z**		
te (t')	9		unité	6				
télé		12	utilisable	5				
télécarte	6		• utilisant		5	wagon-lit	5	
télécommunication	6		• utiliser		7	W.C.		12
téléphone		2				y	1	
téléphoné	6		**V**			yeux (œil)		12
• téléphoner	6					zéro	4	
• téléphonique		6	vacances		7	zut	3	
télévision		3	veau		9			
temps		6						

Imprimerie Hérissey à Évreux - N° 52391